YOBEL

ヨベル新書
067

謎解きの知恵文学

旧約聖書・「雅歌」に学ぶ

小友 聡［著］
Otomo Satoshi

YOBEL,Inc.

まえがき

愛は死のように強く、熱情は陰府のように激しい。愛の炎は熱く燃え盛る炎。大水も愛を消し去ることはできません。洪水もそれを押し流すことはありません。愛を手に入れるために、家の財産をすべて差し出す者がいたとしても蔑まれるだけでしょう。（8：6後半―7）

この聖書の言葉を、皆さんは知っているでしょうか。情熱的で深淵な愛の本質が見事に表現されています。この歌は「雅歌」という旧約聖書の詩文学の一節です。「雅歌」は、読んで字のごとく、「雅《みやび》やかな歌」ですが、原典のヘブライ語では「歌の歌」、つまり至高の歌という意味を現しています。この書はユダヤ教においてもキリスト教においても、その歴史において、長い間、聖なる書物として読み継がれてきました。また、多くの芸術家たちにインスピレーション（強烈な刺激や影響）を与えてきました。本書の表紙絵に妖艶な女性の姿が描かれていますが、これは19世紀の画家ギュスターヴ・モローが雅歌のイメージを絵画化したものです。

しかしながら、聖書の中で愛を高らかに謳う「雅歌」は、現在、教会ではほとんど読まれることはなく、語られることもありません。教会で「雅歌」について解説しようとすれば、おそらく「そんな妖艶でエロティックな聖書の話を聞いてはいけません」と待ったがかかることでしょう。残念ながら、「雅歌」は聖書正典に含まれているにもかかわらず、教会ではほとんど読まれることがないのです。本書では、この「雅歌」を聖書学的な方法を用いて再読し、《謎解き》してみようと考えています。これが本書の執筆意図です。

本書は全12講から成る論考です。古代から現代に至るまでなされてきた「雅歌」の解釈を辿りながら、「雅歌」をどのように解釈することが可能か。ただ単に詩文学としてではなく、知恵文学として捉え、旧約聖書という文脈の中で、「雅歌」の謎を読み解いていきたいと考えています。新たな試みですが、皆さんと一緒にこれから《「雅歌」の謎解き》をしていきたいと思います。なお、巻末に二つの論文を付論として載せました。本書によって「雅歌」へのイメージがどんなふうに受け取れるようになるか、楽しみにしつつ。

謎解きの知恵文学　旧約聖書・「雅歌」に学ぶ――目　次

第1講　「雅歌」をどう解釈するか

1　はじめに

旧約聖書の聖書研究を連続で始めることにしました。さて、何をどう扱うか、しばらくあれやこれや考えました。二〇一八年末に聖書協会共同訳が発行されましたので、その翻訳をめぐって書いてみようかと思いました。しかし、聖書翻訳では聖書研究として焦点が定まらないので断念。そこで、私自身が現在、一番関心を持っている旧約聖書の「雅歌」を取り上げることにしました。旧約の中でその素性も意味もよくわからないとされる「雅歌」です。なぜ、よりにもよってこの「雅歌」に私の関心があるか。それには、いくつか理由があります。

まず、私自身の思い入れがあります。現在、私は神学大学で旧約学の教師として教鞭を執っていますが、今学期は大学院で雅歌解釈の演習を行っています。参加する学生はたった三人！　雅歌のタルグム（アラム語訳）を読むという演習です。将来、牧師になる学生たちにほとんど見向きもされない聖書学の特殊な演習ですけれど、私にはこのタルグムを手がかりに雅歌の解釈方法を探るという重要な目的があります。数年後定年退職するまでに雅歌の注解書を書き上げるのが目標です。この目標については個人的な思い出がありま す。35年前、私が神学大学の学生だった頃、旧約の指導教授であった左近 淑先生から意外な言葉を聞きました。当時、私はコヘレトの言葉（伝道の書）で修士論文を書く準備をしていたのですが、左近先生は「僕はね、伝道の書と雅歌だけはまだ学問的見通しが立たないんだ」と呟かれたのです。私はこれから丁寧に修論指導をしてもらうつもりだっただけに、ショックを受けました。しかし同時に、「そうか、自分でやるしかないのだ」と覚悟が決まりました。左近先生が見通せなかったコヘレトと雅歌を、自分で見通せるようになろう。コヘレトも雅歌も旧約の周辺的な小文書ですが、この二つの書を見通すことを目標に私は今日まで神学校の教師を務めてきました。これが私の「雅歌」への思い入れです。

もう一つ、私が雅歌に関心を抱く理由があります。それは、雅歌という書ほど教会で読まれない書はないからです。コヘレトの言葉もそうですが、雅歌はそれ以上だと言ってよいでしょう。皆さんはどうでしょうか。礼拝で雅歌の説教を聴いたことはありますか。私は教会の牧師としてコヘレトの言葉についてこれまで何度か説教したことはありますが、雅歌についてはまだ一度もありません。恥ずかしい話ですが、雅歌を日曜日の礼拝の講壇で読み、説教するということは私にはできないのです。雅歌について勉強し、聖書学的知見が増せば増すほど、雅歌は説教者から遠ざかっていきます。雅歌について教養講座のような聖書研究はできても、説教となると躊躇《ちゅうちょ》せざるを得ないのです。ほとんどの牧師がそうではないでしょうか。雅歌について多くの注解書が書かれていますが、説教に役立つものは皆無です。この状況を変えたい。これが私の問題意識です。

2　現在、雅歌はどう読まれているか

前置きが長くなりました。雅歌をこれから扱うにあたって、現在、雅歌がどう読まれて

いるかを考えてみたいと思います。手始めに、雅歌について私の手元にある事典解説から紹介をしましょう。（傍線は著者による）

「ヘブライ語の原題は『歌の（中の）歌』。ヘブライ語正典では、第3部『諸書』の一部。ユダヤ教の祭りの際に読まれる『メギロート（巻物）』に含まれ、過越祭に朗読される。70人訳では、文学書の最後に置かれている。雅歌は、エステル記などと並んで、最後まで正典性が問題とされた書物である。ここには、情熱的な恋愛のことばが溢れている。紛れもなく、恋愛抒情詩である。それがどうして、正典に入れられたのか。その事情は詳しく分からないが、ユダヤ教もキリスト教も隠喩的解釈を施して、その存在を擁護してきた。つまり、雅歌に描かれる一見人間的な愛は、神とイスラエル、あるいはキリストと教会の間に存在する愛を表すのだとしてきた。しかし今日は、雅歌を恋愛抒情詩（あるいはその集成）として認め、そのようなものが旧約聖書に含まれていることの意義を求めるべきだと考えられるようになってきている。（中略）このようにしてこれまでの宗教的な概念に疑問を抱かせ、再考させることこそ、雅歌がことに今

日、旧約全体に対して、また宗教に対して持っている意義だと言うことができる。」（水野隆一）

これは2004年発行の『新共同訳 聖書事典』（日本キリスト教団出版局）の「雅歌」の説明です。多くの牧師や信徒の皆さんが使っている一般的な聖書事典です。内容はもちろん信頼に値するものです。けれども、この聖書事典の内容を要約すると、雅歌はかつては宗教的に読まれたが、今日では宗教的に読まれるべきではなく、恋愛抒情詩として世俗的に読まれるべきだということです。正典性も疑わしい。現在の聖書学ではそう理解されるのだから、これまで雅歌に無理やり被されて来た宗教性を剥ぎ取り、エロスを有する人間のむき出しの身体性を見直す必要がある。つまり、現代における人間解放の書として雅歌を読み直そうという解説になっています。

これが現在、雅歌について常識となっている説明だと言えます。誰も異議は唱えないでしょう。21世紀はこのように雅歌を読むのだという常識がこれです。すでに雅歌は教会という領域の外で読まれる書になっています。雅歌は女性解放の書であり、さらには古代のポルノグラフィーとして解説されることもあります。聖書はキリスト者だけのものではありませんから、そのように読まれることも意味はあるでしょう。

けれども、現在の教会において雅歌はどう扱われているでしょうか。雅歌は旧約聖書の一書ですが、雅歌を礼拝で朗読し、雅歌を説き明かすということは勇気のある牧師ならできるでしょうが、多くの牧師は雅歌を説教テキストに用いることはまずできません。なにしろ雅歌に宗教性を見ることは時代遅れであり、また聖書正典として疑わしいただの恋愛抒情詩なのですから。残念なことに、雅歌は教会の説教壇から奪い去られてしまいました。それが私の実感です。牧師を養成する神学校でも、雅歌は福音を語れない教会の周辺の書として扱われます。雅歌は教会の書ではなくなってしまったのです。

3　雅歌を教会に取り戻すために

説教者が自信を持って雅歌を読み、雅歌から説教することはもはやできないのでしょうか。これが私の根本的な問いです。雅歌をどう読むかはもちろん自由です。様々な読み方があってもよい。けれども、教会の書として雅歌を取り返し、説教者の手に取り戻すことはできないでしょうか。このような私の問題意識を共有してくださる方がいれば、嬉しく思います。これから私は新たな雅歌の読み方、雅歌の解釈を提示したいと思っています。試行錯誤ですが、やってみたいと思います。

ここ数年、最新の雅歌研究の諸論文を読んで実感するのですが、私と同じ問題意識を持って雅歌を読み直そうと試みる欧米の研究者が増えてきました。雅歌を教会に取り戻すと言うと、過去の伝統的解釈に逆行するのか、と否定的に評価されることもありますが、現在の雅歌研究は極めて学問的で、また建設的です。雅歌が単なる恋愛抒情詩であったという「前提」は決して確実ではありません。雅歌の中に神の名が一度も出て来ない点を根拠に、雅歌の宗教性を否定する人もいます。けれども、神の名が一度も出て来ないのは雅歌だけではありません。エステル記もそうです。あるいはまた、雅歌の牧歌的情景はエジプトの恋愛叙事詩とよく似ていると指摘する人もいます。しかし、だからと言って雅歌をそれと同一線上の恋愛抒情詩だと結論できるでしょうか。たとえば、旧約聖書のノアの洪水物語が古代オリエント文学、とりわけギルガメシュ叙事詩と似ていることは誰でも知っています。けれども、同一の文学だとはとうてい考えられません。旧約には独特な神学と意図があるからです。雅歌もそうではないでしょうか。単なる恋愛抒情詩であったという推定を雅歌解釈の出発点としない、という選択肢もありうるのです。

旧約聖書学において雅歌の解釈については従来、次のような可能性が考えられてきました。①比喩的解釈。雅歌に歌われている愛の関係を「神とイスラエルの関係」と見るユダヤ教的解釈、「キリストと教会」と見るキリスト教的解釈がこれにあたります。②戯曲的解釈。ソロモンとシュラムの娘とのドラマチックな恋愛歌劇と見る解釈です。③祭儀劇的解釈。タンムズとイシュタル、あるいはバアルとアシェラの聖婚という神話的伝承が背景にあるという解釈です。④婚礼歌集と見る解釈。民衆の婚礼歌がもとになっているという解釈です。⑤文学的抒情詩と見る解釈。

以上、これまでの雅歌解釈を類型的に纏めてみました。このうち、②③④は雅歌がもともとどういう起源であったかを考える解釈です。⑤は、雅歌を文学作品と見て、文学批評的に解釈するという方法です。①には、教会の伝統的な解釈も含まれますが、すでに聖書事典から引用したとおり、教会の教理によって読み込まれた比喩的な解釈であり、雅歌がどういう書であったかという起源を無視する解釈、という評価がされます。要するに、②③④⑤は字義的解釈、①は比喩的解釈で、④と⑤のあたりで現在の雅歌解釈がされているということになります。①は時代遅れであり、聖書学的には価値が低いと退けられるのです。

4　雅歌を「知恵文学」として読む

私は、雅歌が旧約の知恵文学であって、知恵の「謎解き」を企てている、という仮説を立てています。雅歌解釈の類型では①になりそうですが、私の仮説は雅歌という文書がそれ自体として比喩的解釈を内蔵しているという仮説です。それがどういうことかについてお話をしましょう。

雅歌を知恵文学と見る学者は多くはありません。知恵文学には箴言、ヨブ記、コヘレトの言葉が含まれますが、雅歌はたいてい文学書として別扱いにされます。雅歌には「知恵」（ヘブライ語のホクマー）という言葉が一度も出て来ませんから、雅歌は「知恵」には関心がなく、知恵文学ではないとされるのです。けれども、御承知の通り、雅歌の冒頭にはこう記されています。「ソロモンの雅歌」。雅歌はソロモンに由来する文書として紹介されているのです。箴言もそうで、その冒頭に「イスラエルの王、ダビデの子、ソロモンの箴言」と記され、やはりソロモンに由来する文書として紹介されます。ちなみに、コヘレトの言葉の冒頭は「エルサレムの王、ダビデの子、コヘレトの言葉」です。雅歌はまさしくソロモンに由来する文書なのです。もちろん雅歌はソロモン自身が書いたものではありません。しかし、イスラエルではソロモンは知恵の権化であって、雅歌は箴言と同じくソロモンに由来する言葉から始まるのです。しかも、雅歌にはソロモンの名が他に5回も出てきます。知恵文学とは無関係な恋愛抒情詩と見られそうですが、必ずしもそうとは言えないのです。

私が注目するのは、箴言では「知恵」の本質が次のように定義されていることです。箴言1章5―6節を引用してみます。

これに聞き従えば、賢人もなお説得力を加え聡明な人も指導力を増すであろう。
また、格言、寓話
賢人らの言葉と謎を理解する［解釈する］ため。（新共同訳）

これによれば、知恵とはさまざまな言葉や事柄を探究し、それを見極め、解釈することだということです。箴言はそういう知恵の言葉を集めた格言集です。「箴言」と訳されるメシャリームはヘブライ語の動詞マーシャールに由来し、「支配する」「似ている」「喩える」「比較する」という意味を含みます。「たとえ話」も「寓話」も「比喩」もマーシャールなのです。そこで、箴言30章18–19節の格言を紹介しましょう。

わたしにとって、驚くべきことが三つ
知りえぬことが四つ。
天にある鷲の道
岩の上の蛇の道

大海の中の船の道
男がおとめに向かう道。(新共同訳)

よく知られている格言ですが、これはいわばなぞなぞです。「道」という言葉がなぞなぞの仕掛けになっています。ヘブライ語デレクは字義通りには「道」であって、鷲が空を飛ぶ経路、蛇が這う道筋、大海を渡る航路は、それぞれ追跡不可能な驚くべき「道」です。けれども、デレクには比喩的には「態度」や「支配」という意味もあって、4番目の「男がおとめに向かう道」の「道」は「歩行経路」だけではなく、「結婚への態度表明」や「おとめの獲得」をも意味します。つまり、それが最も驚くべきことであって、男女の愛は謎めいていてとうてい知り得ない、というなぞなぞの「落ち」がこの格言にあるのです。ただの駄洒落ではないかと言われそうですが、決してそうではありません。デレクという言葉がいわば暗号的言語として機能しています。箴言の編集者である知者は言葉の解釈をしているのです。知者は愛の秘義性に関心があります。先ほど引用した箴言冒頭の「格言、寓話、賢人らの言葉と謎を理解するため」とはまさにこのようなことです。暗号的言語を用いたなぞなぞが箴言の知恵であって、知者は字義通りの読みのほかに、両義的・多義的な意味を引き出そうとするのです。知恵文学にはこのような解釈の機能が内蔵されています。雅歌もそうではないでしょうか。比喩的解釈は雅歌成立後の読み込みではなく、雅歌それ自体が知恵文学の伝統において比喩的に読み取られるように記されているのではないでしょうか。その意味で雅歌は謎解きの知恵文学である。これが私のテーゼです。

第2講　古代オリエントの恋愛歌

雅歌が古代オリエント文学の影響を受けていることは多くの研究者によって指摘されています。最近の雅歌注解はたいていこの線で議論されています。この課題について、ここできちんと扱おうと思います。古代オリエント世界という文脈の中で雅歌の起源を考えることもまた、雅歌の謎解きについて、一つの手がかりになるのではないかと思うからです。

1　シュメールの聖婚との関係？

まず、日本語で読めるものとして、S・N・クレーマー『聖婚』（小河英雄・森雅子訳、新地書房、1990年）という文献があります。この本には、「古代シュメールの信仰・神話・

儀礼」という副題がついています。シュメール語で書かれた聖婚の儀式の紹介と分析です。この中に、旧約の雅歌との関係が説明されています。クレーマーは、以下のようなシュメールの聖婚のテキストを引用しています。

花婿よ、私の心にかなう御方、
あなたの喜びは素晴らしく、蜂蜜のように甘い。
御子よ、私の心にかなう御方、
あなたの喜びは素晴らしく、蜂蜜のように甘い。

あなたは私の心を捕え、私はあなたの前にふるえながら立つ。
花婿よ、私はあなたによって寝室に運んで欲しいのです。
あなたは私の心を捕え、私はあなたの前にふるえながら立つ。
御子よ、私はあなたによって寝室に運んで欲しいのです。

花婿よ、私にあなたを愛撫させて下さい。
わたしの大切な恋人よ、私は蜂蜜によって洗ってほしいのです［?］、
寝室の中には蜂蜜があふれ、
私たちはあなたの素晴らしい美しさを楽しもう。
獅子よ、私にあなたを愛撫させて下さい。
私の大切な恋人よ、私は蜂蜜によって洗って欲しいのです［?］。

花婿よ、あなたは私から喜びを得られ、
私の母に告げれば、彼女はあなたにおいしいもの［?］をくれるでしょう。
私の父に告げれば、彼はあなたに贈物をするでしょう。

あなたの心を――私はあなたの心を元気づける場所を知っています。
花婿よ、あけ方まで私たちの家で眠って下さい。
あなたの気持ちを――私はあなたの気持を喜ばす場所を知っています、

獅子よ、あけ方まで私たちの家で眠って下さい。
あなた、あなたは私を愛して下さるのだから、
獅子よ、どうぞ私にあなたの愛撫を下さい、
統治者は私の神、統治者は私の善き守護神、
それはエンリルの心を喜ばす私のシュ・シン、
どうぞ私にあなたの愛撫を下さい。（153―155頁）

長い引用になりましたが、クレーマーが指摘した通り、雅歌とよく似た文学的世界が表現されていますす。この歓喜に満ちた抒情詩の最後に、「私のシュ・シン」という名前が出てきます。シュ・シンは花婿である王の名です。このシュ・シン王と結婚する花嫁がこの抒情詩を歌っている女性です。彼女は花婿であるシュ・シン王に愛を打ち明け、花婿との結合をうたっているのです。王は「エンリルの心を喜ばす者」であり、この二人の性的交わりは国土や国民にエンリルの恩恵をもたらすと考えられていました。エンリルはシュ

メールの万神殿（パンテオン）の指導的な神です。

要するに、これはシュメールの聖婚（ヒエロス・ガモス）の儀式の中で歌われた抒情詩の一つだということです。この背景には、シュメールのタンムズ・イシュタール崇拝があります。タンムズ（ドゥムジ）は男性神であり、イシュタール（イナンナ）は女性神です。ちなみにタンムズ神は旧約聖書に見られ（エゼキエル書8：14）、またイシュタールは旧約のヘブライ語ではアシュトレトにあたります（サムエル記上7：3）。エステル記のエステルの名も語彙《ごい》的起源は一緒です。このタンムズとイシュタールの神同志の結婚が聖婚の原型とされています。これがカナン宗教（バアル・アシェラ崇拝）を介してイスラエルに影響を与え、雅歌に文学的な影響を与えていると推測されるのです。花嫁が花婿に熱烈な愛を語り、しかも王が花婿と重ねられ、文学的エロティシズムが全面に出てくるという点では、確かに雅歌との関連が読み取れます。雅歌でも花婿はソロモン王と重ねられているからです。

雅歌の起源を宗教史的に説明するなら、クレーマーが指摘するように、このシュメール聖婚起源説も妥当するかと思われます。けれども、両者に直接的な関係があるかと問われるならば、否定的な答えを出さざるを得ません。

と言いますのも、辻褄《つじつま》が合わない点が幾つも見つかるからです。まず、シュメールの多神教的な宗教儀式が旧約文書の雅歌に直接的な影響を与えたかどうかです。イスラエルにシュメールのような聖婚の儀式があって、男性神ヤハウェと女性神（アシュトレト？）が役を演じ、それが雅歌の文学的世界を創り出しているとはとうてい考えられません。最近の考古学的発掘の結果、イスラエルの王国時代にヤハウェと対応する女性神の像が存在したことが認知され、イスラエル一神教の歴史的起源が揺らいでいますが、それをもって雅歌文学の異教的起源を説明するには無理があります。もう一つは、シュメールのタンムズ・イシュタール崇拝は独特な宗教観を持っているということです。それは豊穣儀礼と死生観に現れます。タンムズは植物神のごとく、死んでまた復活する男性神であり、またイシュタールは命をもたらす豊穣《ほうじょう》の女性神です。シュメールの聖婚は生殖による豊穣を讃える儀式です。ちなみに、このタンムズ・イシュタール（ドゥムジ・イナンナ）の聖婚は神話として長大な恋愛歌劇を創り上げています（183―230頁）。しかし、このような聖婚儀礼が旧約宗教に影響を与えていると言えるでしょうか。少なくとも、豊穣神イシュタールのような女性神のイメージが雅歌にあるとは思えません。

2　エジプトの恋愛歌

古代オリエント世界という文脈の中で、シュメールの聖婚儀礼とともに雅歌との関係が指摘されるのは、エジプトの恋愛歌集です（屋形禎亮・杉 勇訳「エジプト」『古代オリエント集1』筑摩書房、1978年）。

「甘美《あま》きもの、恋に甘し、
甘美《あま》きもの、王の前の恋に甘し、
甘美《あま》きもの、すべての殿方の前の恋に甘し、
ご婦人の間の愛人、
恋に甘い王女さま。
女性のうちで最も美わしきひと、
乙女！　おなじものは見たことなし。

夜の暗闇よりも漆黒の彼女の髪、
黒灌木（?）の漿果《み》より黒き［髪］。
その歯（?）は鎌の燧石の歯より固し。
その両胸は花輪、その腕にしかとつけて。」

「接吻して彼女の唇ほころべば、
ビールはなくとも心たのし。
寝床をととのえる時がくれば、わたしはおまえに言う。
彼女の手足に上等な亜麻布をかけ、
豪奢な亜麻布で彼女の（ための）寝床をしつらえ、
飾りのついた白亜麻布に気をつけよ。極上の油を注ぎかけよ。
彼女のあとについていく。
彼女のニグロ女でわたしがあったなら。

ああ、嬉しいことには、そのときは、いろんな彼女の姿態が見られるものを。」（654頁）

「鳩の声は呼んで申します。「地上は明るい、妾の道はどこかしら？」鳥よ、おまえは妾に呼びかけ！　しかし妾は彼の臥床に愛人を見いだし、妾の心は、いともしあわせです。二人とも申します。わたしは（あなたと）わかれられません」と。妾の手はあなたの手の中にあり、妾は散歩して、あなたといっしょに美しい場所のどこにもいます。あなたは妾をいちばんの美しい乙女にしてくれます。あなたは妾の心を傷つけるようなことはなさらない。」（655頁）

紀元前2500年頃のエジプトの庶民の間でうたわれていた恋歌です。恋する若者と乙女の相聞歌《そうもんか》（恋人同士の間で詠みかわされた歌。）のようで、雅歌と同じように抒情的で、官能的です。若者は恋い慕う乙女の黒髪に見とれ、また乙女を「鳩」と呼び、一緒にいることを願います。乙女もまた、若者の愛を受けて、うっとりとしています。「散歩して」「美しい場所」を探す恋人同士の背後には田園風景があるでしょうか。パストラル（牧歌的）とも呼べる雰囲気があります。これは雅歌が表現する世界とよく似ています（並木浩一）。エジプトの恋歌が雅歌の歴史的背景にあると言えそうです。

確かに、雅歌にはエジプトをほのめかす記述があります。

「恋人よ、私はあなたを
ファラオの戦車隊の雌馬にたとえよう。」（雅歌1：9）

雅歌の若者は羊飼いに、またソロモンに身を託して乙女を慕います。その乙女が「ファラオの雌馬」に喩えられています。それはエジプト王のファラオの戦車隊の軍馬のことです。とてつもなく強力で、恐ろしいほどに魅力的な姿ということです。イスラエルの歴史において、ファラオの戦車隊はエジプト脱出の際にイスラエルを恐怖の淵に追い詰めました。雅歌においてこのエジプトが想起されていることが重要です。エジプトの文学的起源と言えば、箴言の22章―24章の部分が「アメンエムオペトの教訓」というエジプトの知恵文学を翻訳したものだということが今日、確認されています。エジプト文学との関係は旧約聖書の歴史的文化的コンテキストでもあります。

雅歌という恋愛詩が、モチーフの共通という点で、エジプトの恋愛詩に起源を有している可能性はあると思われます。けれども、このことだけで雅歌のエジプト恋愛歌起源説を主張するのはちょっと無理があるのではないでしょうか。エジプトは古代オリエントの文学世界の一部です。すでに指摘したシュメールの聖婚もそうであるように、広大な古代オリエント世界のさまざまな文学的コンテキストの影響を間接的に受けているにすぎません。雅歌のテキストについて何かしらの類似性は説明できるでしょうが、雅歌を謎解きする説明はできないと思われます。

3　ワスフについて

雅歌とオリエント世界との関係について、もう一つ説明しておくべきことがあります。それは「ワスフ」ということです。シリアの婚宴歌に雅歌とよく似た技法が見られることが指摘されました。19世紀に、ダマスコ駐在のプロイセン領事であったヴェッシュタインが調査した知見ですが、シリアでは婚宴に際して、花婿や花嫁の肢体の美しさを褒め歌う習慣があるのです。雅歌の中にも、花婿の、また花嫁の肢体を順番にほめたたえる文学的技法が見られます。

なんと美しい、私の恋人よ。
なんと美しい、ベールの奥の目は鳩のよう。
あなたの髪は
ギルアドの山を駆け下りる山羊の群れのよう。
あなたの歯は、洗い場から上って来る
　毛を切られた羊の群れのよう。
それらは皆、双子を産み
子を産めないものはありません。
あなたの唇は紅の糸のよう、話す口元は愛らしい。
ベールの奥の頬は、はじけたざくろのよう。

あなたの首は
武器庫として建てられたダビデの塔のよう。
千の盾がそこに掛けられている。
それらは皆、勇士たちの小盾。
あなたの二つの乳房は二匹の小鹿のよう。
百合の間で草を食んでいる双子のガゼル。（雅歌4：1—5）

これは、明らかに若者（花婿）が乙女（花嫁）の美しい肢体を上から下へ順々にほめたたえている、見事な詩文です。5章10—16節では、乙女が若者の肢体を順々にほめたたえます。これがアラビア語で「ワスフ」と呼ばれ、雅歌の文学技法を説明する概念となっています。ワスフという婚宴の叙述歌が雅歌の起源である可能性はあります。けれども、これもまた、古代オリエント世界の文学的コンテキストの一部にすぎないのではないかと思われます。「ワスフ」だけで雅歌の全体を説明することはできないからです。雅歌の謎解きは、古代オリエント世界というコンテキストだけでは不十分と言わざるを得ません。

第3講　タルグムの「雅歌」解釈

雅歌の解釈において、見逃せないのはタルグムです。タルグムはアラム語訳旧約聖書のことです。アラム語訳旧約聖書は律法（モーセ五書）の場合はタルグムオンケロス、預言者（預言書および申命記史書）の場合はタルグムヨナタンが代表的であり、ヘブライ語原典からの直訳です。ところが、それら以外の諸書において、とりわけ雅歌のタルグムは驚くべきアラム語訳なのです。ヘブライ語原典の直訳どころか、あえて言えば、奇想天外な敷衍《ふえん》的解釈です。雅歌の各節が原典のなんと5倍！　の分量で訳されるからです。私たちの感覚からすると、とても翻訳とは言えません。むしろ雅歌を全面的に書き直し、新たな物語に造り上げたとしか説明しようがありません。それほどに異様な「アラム語訳」なのです。けれども、この雅歌のタルグムは、ユダヤ教の歴史においては極めて重要な雅歌理解と意義を示しています。このタルグムを読むと、ユダヤ教で雅歌がどのように理解されてきたかがよくわかります。それと同時に、キリスト教の伝統的な雅歌理解の性質も見えてくるように思われます。私たちもこれに注目したいと思います。

1 「雅歌」のタルグム

旧約聖書のタルグムは、ユダヤ教のシナゴーグ礼拝で旧約聖書が朗読されたあと、アラム語で通訳されたものが起源で、それが後に文書化したものがタルグムとなったと言われます。紀元2世紀ごろに遡る古い起源を有しますが、雅歌のタルグムの成立は紀元8−9世紀です。事情は定かではありませんが、当時のアラビア語の影響を受けて書かれていると言われます。まず、1章2節を紹介しましょう。

あの方が私に口づけをしてくださるように。
あなたの愛はぶどう酒よりも心地よく（ヘブライ語原典＝聖書協会共同訳）

預言者ソロモンは言った。主の御名は祝福されよ。主は、偉大なる書記モーセの手によって二枚の石の板に記された律法を、またミシュナの6つの掟を、また口伝伝承によるタルムードを、我々に与えてくださった。そして、（主は）人がその友に口づけするように面と向かって、70の国々よりも多く我々を愛する多くの愛から我々に語り掛けてくださった。（アラム語訳タルグム）

最初がヘブライ語原典で、2番目がタルグムです。明らかにタルグムは意訳であり、敷衍《ふえん》訳です。「預言者ソロモンは言った」などヘブライ語原典にはありませんが、1節の表題「ソロモンの雅歌」から「ソロモンは言った」と解釈したのでしょう。しかもソロモンを知者ではなく「預言者」と呼んでいます。ここにすでにタルグムの雅歌解釈の視点が現れます。タルグムは雅歌を預言的に解釈するのです。雅歌は著者ソロモンの預言の書だとタルグムは見ています。そのあとのタルグムがまた奇抜な内容です。ヘブライ語原典では乙女が恋人を思い焦がれて口づけを願うのですが、タルグムは「口づけ」（複数形）を二枚の律法の板と解釈し、なんとミシュナとタルムードもそれに加わります。しかも律法の石板の説明には「偉大な書記モーセ」が登場します。さらに、「ぶどう酒よりも心地よい」はタルグムでは「70の国々よりも多く」と解釈されます。要するに、ヘブライ語原典では字義的に乙女のロマンチックな恋心が表現されますが、タルグムでは律法を与えてくれたヤハウェに対する賛美の言葉となっています。その際、「我々」とはイスラエルであることは言うまでもありません。つまり、この雅歌の冒頭の一節は、ソロモン自身の語りとして、律法を授けてくださったヤハウェをイスラエルの民が賛美する言葉と解釈されているのです。

ここからおおよそ分かりますが、タルグムは雅歌を新しい物語に解釈し直すのです。タルグムにおいて雅歌の全体像はこうなります。

1章1—2節：序論
1章3節—5章1節：エジプト捕囚（出エジプト）からソロモン王へ
5章2節—7章11節：バビロン捕囚からハスモン王朝へ

7章12節―8章12節：エドム捕囚から王なるメシアへ
8章13―14節：熱烈な結論

右記の構成から、雅歌全体がイスラエルの歴史を語る書だと解釈されていることが分かります。面白いのは、3回の捕囚体験からの解放が描かれていることです。エジプトからの解放、バビロン捕囚からの解放、そしてエドムからの解放です。エドムからの解放については、雅歌のタルグムの成立が紀元8―9世紀だということから推測できます。エドムとはローマ帝国であり、またキリスト教を暗に指し示しているのです。ローマ帝国からの解放はメシア思想と関係しています。このタルグム成立時の状況において、終末論的な希望が滲み出ています。要するに、雅歌タルグムは救済史的な雅歌解釈であり、メシア到来の期待で締め括られているのです。雅歌がこのように救済史的に解釈されるとはちょっと意外ですが、雅歌がユダヤ教においてこのように解釈されて来た歴史があるということは実に興味深いことです。雅歌の解釈という時、このタルグムの解釈を知っておく必要があります。

2　タルグムの解釈（その1）

もう少し具体的にタルグムの解釈を考察します。まずは7章6節です。

その上にあるあなたの頭はカルメル山のよう。
あなたの長い髪は紫に艶めき
王はその波打つ髪のとりこになった。（ヘブライ語原典）

あなたの頭として任じられた王は、預言者エリヤと同様に正しい。エリヤは天の主のために極めて熱心で、カルメル山で偽預言者を殺し、イスラエルの家の民をその神である主の畏れへと連れ戻した。そして、侮蔑されたゆえに頭を低くして歩む民の貧しい者たちは、紫の衣を着るであろう。それは、バビロンの町でダニエルが、またスサでモルデカイが、アブラハムの功徳のゆえにするであろうように。アブラハムこそはかつて世の主を王として認め、またイサクは犠牲となるために縛られるという義を示し、ヤコブは水場で小枝の皮をはぐという憐れみを示したのである。（タルグム）

ヘブライ語原典は、王が娘の髪の麗しさを称賛するという内容です。それに対し、タルグムは別の物語を創り出します。イスラエルの王ソロモンは正しい預言者であるという意味ですが、やがて出現するエリヤの如く、またダニエルやモルデカイのようにソロモン王は称賛され、それはまた、かつてのアブラハム、イサク、ヤコブの功徳によるものだと説明されます。旧約の歴史において読み解かれるのですが、「カルメル山」はエリヤ物語（列王記上18章）に結び付けられ、「紫」は象徴的に民の回復のモチーフになっています。雅歌の抒情的詩文を換骨奪胎し、こじつけのような語彙解釈によってイスラエルの救済史的物語を創り出しているのです。

さらに、1章13節を比較して考察します。

愛する人は私にとって没薬の匂い袋。
私の乳房の間で一夜を過ごします。(ヘブライ語原典)

ただちに主はモーセに言った。「行け、上れ、あなたの民は破壊的に振舞ったゆえに。私に彼らを破滅させてほしい。」モーセは振り向き、主の御前で慈悲を求めた。主は彼らのために、イサクの父アブラハムがモリヤの山の祭壇で縛ったイサクの縛りを思い出した。そして、主は怒りから戻り、以前と同様に彼らの間にシェキーナーを住まわせた。(タルグム)

ヘブライ語原典とタルグムの違いに驚かされます。タルグムはほんとうにヘブライ語原典の翻訳なのか、疑念が生じるほどです。雅歌の一節をタルグムは換骨奪胎し、新たな物語を創り出しています。「没薬の匂い袋」をタルグムは読み飛ばしているようです。ヘブライ語原典の「乳房の間で一夜を過ごす」という文は官能的な表現です。この官能的で親密な表現が、タルグムでは神がイスラエルと結んだ契約関係として救済論的に解釈されているのは明白です。その際、「乳房」が「モリヤの山」を指していることが重要です。乳房という女性の肉体部分がなんと「モリヤの山」を連想させるのです。「モリヤの山」は、旧約ではアブラハムがイサクを捧げた地名であり（創世記22：2）、神がアブラハムとの絆を確かにした場所です。アブラハムはイスラエル民族の父です。その「モリヤの山」を神は思い出し、イスラエルと共に住まうことを決断した。これがタルグムの内容です。つまり、ヘブライ語原典の、乙女（花嫁）が若者（花婿）と官能的な一夜を過ごすという詩文が、タルグムでは神がイスラエルとの契約に立ち帰ってイスラエルに臨在するという物語として解釈されているのです。しかもこれは、出エジプト記32章で背信のイスラエルのためにモーセが執り成しをした箇所、また、創世記22章のイサク奉献（アケーダー）に結びつけられて解釈されているわけです。

3　タルグムの解釈（その2）

もう一つ雅歌2章17節に注目しましょう。

愛する人よ
日が息をつき、影が逃げ去るまでに
ガゼルや若い雄鹿のように
険しい山々を越え、戻って来てください。（ヘブライ語原典）

しかし、わずかの間にイスラエルの子らは子牛を造り、彼らを影で覆っていた栄光の雲は離れ去った。彼らは晒され、70の名前で表現される偉大な名が刻まれた彼らの武器の装飾は失われた。そして、主は彼らを世から滅ぼそうとしたが、主は自らがその言葉を通してアブラハム、イサク、ヤコブと結んだ契約を思い出した。彼らこそガゼルのように、また若い雄鹿のように素早く務めを果たした。そして、モリヤの山でアブラハムが捧げた息子イサクの犠牲を、また、彼がかつてそこで犠牲を捧げ、それらを均等に分けたことを「主は思い出した」。（タルグム）

このヘブライ語原典とタルグムの違いも非常に興味深いものです。先ほどの1章13節と似ています。ヘブライ語原典は、乙女（花嫁）が恋人（花婿）に向かって自分のもとに来てほしいと願う詩文です。ガゼルや雄鹿のように山々を跳び跳ねて、という躍動的な喩えによって表現されています。これについてタルグムは新たな物語を創って解釈します。その解釈の方向は1章13節のタルグムとよく似ています。イスラエルがかつて金の子牛を拝んで神の怒りを呼び起こしたにもかかわらず、神はイスラエルとの契約を思い出して、滅ぼすことを止めたということです。

ここでもタルグムは、乙女と若者の愛の関係を、イスラエルと神との契約関係として解釈しています。また、その契約において、アブラハム、イサク、ヤコブが登場し、しかもモリヤの山でのアブラハムのイサク奉献の物語に言及します。「険しい山々を越え」をタルグムはモリヤの山でのイサク奉献に結びつけているのです。

なぜヘブライ語原典にない「モリヤの山」がタルグムに出て来るのでしょうか。おそらくヘブライ語の「険しい山々」が鍵になっているようです。この語を「二つに切り裂かれた山々」と理解することができるからです。このことから、タルグムはアブラハムが創世記17章で動物を真っ二つに切り裂いて、その間を通って神が契約を結んだ記述を念頭の置いているようです。創世記ではその直後の22章にイサク奉献の物語があります。したがって、「険しい山々」から「モリヤの山」が導き出される必然性があるのです。このように、タルグムはアブラハム物語を辿ることによって雅歌の記述を救済論的に解釈しているのです。こう考えると、「戻って来てください」という表現は、タルグムでは神に向かって、イスラエルと結んだ契約の原点に立ち返ってほしいと求める希望として解釈されていることが説明できます。

複雑な謎解きをしましたが、ここから非常に興味深いものが見えてきます。それは、タルグムは雅歌テキストにおける、表面的には男女のロマンチックな情愛表現を比喩として見ているということです。言い換えると、神とイスラエルの契約関係に置き換えて理解しているということです。しかも、イスラエルの歴史においてイスラエルが神と結んだ契約の物語において読み解いているのです。少々荒唐無稽ではありますが、タルグムは雅歌の愛の詩文を、イスラエルの歴史において神がイスラエルをどのように導いて来たかという文脈で解釈しています。それは、タルグムが雅歌を「神とイスラエルの契約の書」として理解しているということです。このユダヤ教的解釈の延長線上に、後ほど紹介する最近のユダヤ教哲学の雅歌解釈があります。

少々横道にそれますが、フランクルの名著『夜と霧』の中で、著者フランクルが強制収容所の絶望的な状況で妻を想う感動的な記述があります（『夜と霧』新版、60―63頁）。彼の妻はそのときすでに収容所内で命を失っていたのですが、「そんなことはこの瞬間、なぜかどうでもよかった……死は妻を想う心の妨げにはならなかった」とフランクルは述懐しています。この述懐は「愛は死よりも強い」という雅歌の言葉（8：6）で締め括られますが、彼の思想の根底には、ユダヤ民族の苦難の歴史にアイデンティファイされた救済論的な雅歌解釈があるように思われます。

第4講　ベルナールの「雅歌」解釈

今回はキリスト教史において重要な伝統的雅歌解釈を取り上げます。教会の雅歌解釈はキリスト教の教理によって潤色され、テキストを無視した寓意的解釈だと一般的には否定される傾向があります。こういう伝統的な雅歌解釈は時代錯誤で、旧約聖書学では完全に否定されます。それは、雅歌がもともと古代オリエント文学に由来する世俗的恋愛歌集であって、宗教的な文書ではないという前提があるためです。なにしろ雅歌には神の名が一度も出て来ず、またセクシュアルな表現が多用されます。けれども、雅歌が2000年にわたり教会で読み続けられてきたのは確かです。その教会の伝統的解釈についてもきちんと分析をし、理解しておく必要があります。そこで、中世において最も親しまれたベルナールの雅歌解釈に注目します。

ベルナールは12世紀、ちょうど十字軍遠征の全盛期に、クレルヴォー修道院の院長を務めたシトー会の司祭です。彼は雅歌の長大な説教を残し、その神秘的な雅歌解釈はカトリック教会の雅歌理解に多大な影響を与えました。この「雅歌の説教（抄）」（金子晴勇訳『キリスト教神秘主義著作集2』教文館、２００５年）から幾つかを紹介し、分析をしてみます。

1　ベルナールの花嫁神秘主義

まず、ベルナールの雅歌説教の最初の部分を紹介します。ベルナールは雅歌を旧約聖書の中でどう位置付けるでしょうか。彼によれば、雅歌は箴言、コヘレトの言葉に続くソロモンの第3の知恵の書です。「箴言」はすべての悪を教養の鋤をもって取り除き、「コヘレトの言葉」は理性の光で現世のすべての虚栄や虚飾を見抜くのに必要だとされます。そして、雅歌については次のように評価されます。

それゆえ、ソロモンは神の霊感を受けて、キリストと教会に対する賛美、聖なる愛の恩恵、永遠の結婚の奥義を歌ったのである。同時に彼は魂の神聖なる願望に表現を与え、霊により燃え上がって祝婚歌の調べを、心地よいが、比喩的な言葉で、創作した。彼もまたモーセのように自分の顔におおいをかけたのは当然である。おそらくこの場合その顔がすくなからず輝いていたからであろう。というのはその当時ではいまだ、顔におおいを付けないでその栄光の輝きを眺めることのできる人はいなかったし、いても稀であったから。したがって、この結婚歌はその卓越性のゆえにこの種の表題によって際立たせられていると思う。こうして正当にも「もろもろの歌の中の歌（雅歌）」と格別に呼ばれる。（62頁）

ベルナールにとって雅歌がどういう書であるかが、よくわかります。雅歌は、ソロモンが神の霊感を受けて書いた「永遠の結婚の奥義」を歌った書だということです。また、比喩的にキリストと教会の関係について賛美していると解釈されていることは明らかです。雅歌が「結婚の奥義」を歌うと同時に「キリストと教会」の関係を賛美する、というベルナールの解釈は、旧約聖書学では時代錯誤で、カトリック的な象徴主義的解釈だと退けたくなります。けれども、よく考えてみる必要があります。というのも、これは新約聖書のエフェソ書に見られるからです。エフェソ書は結婚について、「この神秘は偉大です。わたしは、キリストと教会について述べているのです。」（5：32）と説明します。教会の結婚式でよく読まれる聖書箇所ですから、皆さんもご承知でしょう。エフェソ書は雅歌をキリスト論的に解釈しているのです。この延長線上において、ベルナールが雅歌を神学的に解釈していることは明らかです。旧約と新約を繋げる聖書神学的な思考をするならば、ベルナールの雅歌解釈は十分に理解可能だと言わなければなりません。

もう少しベルナールを紹介します。面白いのは、「口づけ」に関する長大な議論です。雅歌の冒頭に「あの方が私に口づけをしてくださるように」という記述があります（1：2）。これは字義通りには、花婿に対する花嫁の求愛表現ですが、ベルナールはこれを婚宴における花婿と花嫁の結合として捉えます。しかし、ただ単に唇を合わすことではなく、魂の三重の発展として解釈されます。第1は足への口づけ、第2は手への口づけ、第3は口への口づけです。この第3の口づけを、ベルナールは仲保者キリストの口づけを受けることとして神秘的に捉えています。明らかなことですが、ここでは花婿はキリストであり、花嫁は教会を指しています。

2 「黒いけれども愛らしい」

ベルナールの雅歌解釈をさらに具体的に見ていきましょう。注目したいのは1章6節の雅歌解釈です。「エルサレムのおとめたちよ、わたしは黒いけれども愛らしい。」これは、乙女（花嫁）が自分の肌の黒さを恥ずかしがり、見つめないでほしいと告げる記述です。最近の聖書協会共同訳では「エルサレムの娘たちよ、私は黒くて愛らしい。」と訳されます。「黒いけれども」と「黒くて」とは意味が微妙に異なりますが、それは今日的な翻訳の問題で、ここでの課題ではありません。ベルナールの解釈に注目します。

「このことのゆえに、美しいことだけではなく皮膚の黒いことも誇りながら、花嫁はすばらしい仕方で恋敵たちによって恥辱として曲解されることを自分にとって光栄に変える。花嫁は肌の黒いことを決して恥じない。なぜなら、彼女は花婿があらかじめそれを知っているのを分かっているから。実際、花婿に似ることがどんなに大きな光栄であることか。それゆえ、彼女は自分にとってキリストの恥辱を担うことに優る光栄はないと考える。そこから、あの歓喜と救いの声が真っ直ぐにあげられる。すなわち、「わたしにはわが主イエス・キリストの十字架のほかに、誇るものはない」と。十字架の恥辱は、十字架につけられたお方に対し感謝の心を忘れていない者にとって感謝すべきことである。彼女は肌が黒いが、主のかたちであり似姿なのである……。」(174頁)

ベルナールの解釈は、花嫁の肌が黒いことはすでに花婿(キリスト)に知られているゆえに、この花嫁の恥辱は十字架によって贖われているということです。それゆえに、「肌が黒いこと」は栄光なのだという贖罪論的な解釈が施されています。肌の黒さをキリスト論的贖罪論によって解釈する点にベルナールの特徴があります。これはまさしく福音的解釈であって、私たちにも了解可能です。このベルナールの解釈にはさらに続きがあります。肌の黒さを見る視覚よりも神の言葉を聞く聴覚こそが重要なのだ、という議論に展開していくのです。ベルナールは実に優れた説教者です。

ところで、この「黒いけれども愛らしい」という雅歌のテキストについては、オリゲネスの雅歌注解でも触れられていますので、これを紹介します。オリゲネスは紀元3世紀の古代ギリシア教父です。ベルナールよりほとんど1000年前の雅歌解釈ですが、このオリゲネスの雅歌解釈をベルナールと比較してみます（小高 毅訳『雅歌注解・講話』、創文社、1998年）。

「ここで語りかける花嫁は、異邦の民のうちから集められた教会を表現しています。」（87頁）

「色が黒いといって、どうしてわたしを非難しようとするのでしょう。……このエチオピアの女性［モーセの妻］の姿を通して、影のようにぼんやりと示されたことが、今、わたしのうちに真実なものとして実現されたことが、どうしてわからないのでしょう。わたしこそ、このエチオピアの女なのです。出生が卑しいため、確かにわたしは黒い、でも悔い改めと信仰ゆえに、わたしは美しい。そうです。わたしには神の御子が授けられました。わたしは「肉体となられたロゴス」を受けました。神の像、すべてのものに先立って生まれたかた、神の栄光の輝き、神の本性の姿であるかたのもとに、わたしは至りました。そして、わたしは美しい者とされました。」(88頁)「多くの罪［を犯した］後、悔い改めへと向かう魂の各々についても言うことができます。その魂は罪のため黒い、しかし悔い改めと悔い改めの実りのおかげで美しいと。そして今、「わたしは黒いけれど美しい」と語っている［花嫁］も、終わりまで黒いままでいるのではありませんから、後になって、この［花嫁］について、エルサレムの娘たちは言うのです、「白くされ、その甥によりかかって上って来る女は誰ですか」と。」(100頁)

少々引用が長くなりましたが、オリゲネスは「黒い花嫁」がイスラエルではなく、異邦人を指し、教会を表現していると見ます。異邦人である限り、花嫁は選びから除外され、罪を有するので「黒い」のです。けれども、悔い改めと信仰ゆえに、花嫁はキリストによって罪赦され白くされた。だから、「わたしは黒いけれども美しいのだ」と説明されています。オリゲネスは霊肉二元論の哲学的な思索をしながら、この「黒いけれども愛らしい」を神学的に解釈しています。思弁的ではありますが、これまで紹介したベルナールがキリスト論的に、また贖罪論的に解釈したことと内容的には繋がっています。オリゲネスは発想の転換がぎこちなくごつごつした哲学的議論ですが、ベルナールは神学的な抽象度が深まっているように思われます。古代と中世では歴史的隔たりがありますが、花婿をキリスト、花嫁を教会と見る比喩的解釈はオリゲネスにおいても、ベルナールにおいても一貫しています。

3　鳩の比喩

ベルナールの雅歌解釈をさらに検討します。雅歌2章14節です。

「岩の裂け目、崖の隠れ場にいる私の鳩よ
あなたの姿を見せてください。
あなたのこえを聞かせてください。

あなたの声は甘く、あなたの姿は愛らしい。」

雅歌の中に「鳩」が登場します。ここでは「鳩よ」と呼びかけられています。「私の愛する人」（乙女の恋人＝花婿）が10節から12節まで語る引用文と説明できますので、この鳩は乙女（花嫁）を指しています。ベルナールはこれをどう解釈するでしょうか。引用します。

「教会は鳩であり、それゆえ休息をうる。教会は無垢であり、嘆息するがゆえに、鳩である。それはまことに鳩である。なぜなら柔和になって心に植え付けられた神の言葉を取り入れるから。そして神の言葉、つまり岩の中に憩う。なぜなら、岩は神の言葉なのであるから。

それゆえ、教会は岩にうがたれた穴であって、それを通して内部が透見され、教会の花嫁の栄光が見られる。しかし、この栄光によって教会は圧倒されてはいない。なぜなら、教会は栄光を横取りしないからである。教会は神の尊厳の探索者ではなく、神の意志を探究するがゆえに、圧倒されはしない。荘厳について言うと、教会は大胆に荘厳の内に立ち向かっていても、探索するようにではなく、驚嘆するように向かっている。だが、離脱によって拉し去られて荘厳に触れるとき、神の指が恵みによって人間を高めているのであって、人間の無謀さが不遜にも神の高みに達するのではない。」

（278頁）

ベルナールは「鳩」を無垢なる教会のことだと解釈しています。鳩は花嫁に喩えられ、花嫁は教会ですから、鳩を教会と見ることは私たちにもごく自然に理解できることです。教会が無垢な鳩に喩えられることは、12世紀のベルナールにとって疑問の余地がありません。この鳩が羽を休めている「岩の裂け目」、「崖の隠れ場」をベルナールは神の言葉と解釈します。また、この神の言葉を通して、教会は神の栄光に触れると解釈されます。そのあとのベルナールの説明はかなり抽象度が高くなりますが、要するに、神と人の仲保者であるキリストに教会が合一する神秘主義的な神学思想が表現されていると読み取れます。「離脱」や「拉し去られて」はベルナールに特徴的な神秘主義的表現です。これによって、花嫁である教会が花婿であるキリストと合一する結婚の秘義をベルナールは考えているようです。恍惚状態を言語化しているかに見えます。しかし、私たちにもおおよそ理解しうる内容であって、雅歌のテキストから大きく逸脱した解釈とは必ずしも言えないでしょう。というのも、すでに指摘しましたが、新約聖書のエフェソ書では結婚の秘儀がキリストと教会の関係で説明されているからです。このような正典的な聖書解釈の線でベルナールは雅歌を比喩的に解釈しているのです。

花嫁が教会で、花婿がキリストであるという雅歌解釈は、古代、中世、近世というキリスト教の歴史において普遍的で、揺るぎのないものでした。ベルナールはこれを修道思想と神秘主義という方向で展開させ、その後の雅歌解釈を決定づけました。中世において、雅歌は修道院では秘義的文書でした。ウンベルト・エーコの大ベストセラー『薔薇の名前』では、14世紀の修道院世界が舞台になっていますが、その中で雅歌の詩文が若き修道僧の恍惚的な愛の体験に重ねて引用されています。花嫁神秘主義的解釈は今日では聖書学的に時代錯誤とされますが、私たちが教会というコンテキストで雅歌を読もうとするとき、ベルナールの雅歌解釈は歴史的遺産として十分に保持される意義はあると思われます。

第5講　バルトとゴルヴィッツァーの「雅歌」解釈

雅歌をどう解釈するかをめぐって考察を続けます。雅歌の類似資料を紹介し、古代から中世にかけての解釈を考察しましたが、雅歌がこれまでどう解釈されてきたかについて、もう少しじっくり考えてみたいと思います。そこで、20世紀最大の神学者カール・バルト（Karl Barth, 1886 - 1968）の雅歌解釈、そしてバルト以降の神学者としてゴルヴィッツァーの解釈を取り上げます。いずれもスイス／ドイツの組織神学者です。この二人は雅歌注解などで扱われることはほとんどありませんが、私たちにはとても馴染み深い神学者であり、またその独特な雅歌解釈は私たちを魅了するので、ここで紹介したいと思います。

1　カール・バルトの雅歌解釈

カール・バルトの雅歌解釈は、『教会教義学』の創造論（10章「造られたもの」第45節第3項、原著１９４８年）の中で扱われています。バルトが雅歌に言及する前に、まず取り上げるのが創世記です。人間性について最も重要な記述は創世記2章18－25節の人間の創造です。いわゆるヤハウィストの創造物語ですが、バルトはこれを「人間性についての旧約聖書の大マグナ・カルタ憲章」と呼びます。つまり、神が男のところに女を連れて来られ、二人を引き合わせられた。これは人間の創造の完成だとされます。ここに男と女について決定的な創造論的記述があるというのです。

　これと並んで、旧約正典には、もう一つの人間性についての重要なテキストがある。それは雅歌だと言います。雅歌は、人間性についての第2の大憲章だとバルトは見るのです。

「……創世記2章はそれほど完全に孤立しているわけではない。人は、旧約聖書の正典のほかの、顕著な場所に「雅歌（歌の中の歌）」があるということを考える時、あのような仕方で具体的な形態を与えられた人間性の、第二の大憲章について語ることができるであろう。人は雅歌が正典に含まれていなければよかったであろうにと望むべきではない。また人は、あたかも雅歌が正典の中に含まれていないかのように振舞うべきではない。雅歌は……正真正銘の、全くそのままの意味でそう呼ばれるべき恋愛の歌……である。」（菅円吉／吉永正義訳『教会教義学 創造論Ⅱ／2（中）』、208―209頁）

バルトは、教会では雅歌を正典として読むことが敬遠され、正典にふさわしくないと理解されていることを十分に承知しています。けれども、雅歌を正典として読むべきだとバルトは言うのです。その場合に、雅歌それ自体を「恋愛の歌」だと呼んでいます。これは20世紀聖書学の知見であり、バルトもそれを是認するのです。ここがまず面白いところです。組織神学者バルトは雅歌の解釈を始めるにあたり、まず聖書学の最新の知見に従って、雅歌を恋愛歌だとみなすのです。

けれども、ここからの展開がまた面白い。バルトは聖書学の最新の知見に従い、雅歌を文学的に読み解くか、というとそうではありません。バルトは雅歌を神学的に評価するのです。先ほどの創世記2章と同一線上に考えます。つまり、創造の対極にある終末において、雅歌を捉えるのです。それは、人間論的な男と女の記述ではなく、終わりの時の新しい創造です。言い換えると、男と女のちぎりの原型、すなわちヤハウェとイスラエルの間の契約が最後に再び回復される目標が雅歌によって描かれているのです。このように、バルトは雅歌を終末論的に解釈し、創世記の人間創造と対極にある終末時の楽園の表象として雅歌を見ます。雅歌を終末論的に解釈するのです。そこから、旧約における神とイスラエルの契約という理念の最終的な目標として雅歌を位置づける。これがバルトの雅歌解釈のポイントです。なるほどと思わせられます。

もう少し、バルトの議論を辿ってみましょう。バルトは契約という概念を旧約の中心と考えています。この契約が旧約では預言という枠組みの中で機能します。創世記2章と雅歌の文脈においても、ヤハウェとイスラエルという契約が預言として機能しているとバルトは言います。どういうことかと言うと、「預言」が将来の成就に向かう時間的ベクトルを有し、また預言者の預言が契約を婚姻関係に喩《たと》えていることが背景にあるのだと思います。確かにそうで、ホセア書ではヤハウェとイスラエルの契約が婚姻関係に喩えられています。このような男女の愛の関係がヤハウェとイスラエルの契約を指すのだとすれば、創世記2

章の創造論は雅歌における終末論的目標の預言だということになります。このような思考の手順で、バルトは雅歌を創世記2章の創造論の終末論的成就であり、ヤハウェとイスラエルの契約の完成を描いているのだと思われます。要するに、バルトは雅歌を終末論的に解釈するのです。雅歌を「至聖の書」と呼んだのは紀元2世紀のラビ・アキバですが、バルトの終末論的雅歌解釈はそのような雅歌の正典性を追認する解釈だとも言えます。

しかし、このようなバルトの雅歌解釈に対して、問いは残ります。バルトには方法論的な乖離《かいり》があります。最初に雅歌を聖書学的知見に従って「恋愛の歌」だと説明するのですが、そこからバルトは突然、飛躍して、雅歌の神学的解釈に移行します。雅歌がそれ自体として恋愛の歌であることと、雅歌が終末論的に人間創造の最終目標を表象しているということ。両者の間には大きな飛躍があるように思われます。雅歌がもともとどういう書であったかということと、雅歌が神学的にどう解釈されるかということが方法論的にきちんと架橋されなければなりません。残念ながら、バルトは雅歌テキストをいきなり神学的・終末論的に解釈する、という点で問題があります。バルトには敬意を表しますが、筆者はバルトの線では納得できません。

2　ゴルヴィツァーの「雅歌」解釈

次に取り上げたいのはゴルヴィツァー（Helmut Gollwitzer, 1908 - 1993）です。ゴルヴィツァーは『愛の讃歌　雅歌の世界』という本を書いています。原著は1978年で、もともと1977年にベルリンで開催されたキルヘンタークにおいて、ゴルヴィツァーが講演した原稿がもとになっています。キルヘンタークはドイツで2年に一度開催されるプロテスタント教会の信徒大会で、そこでの諸講演はドイツの第一級の神学者たちによって行われます。このゴルヴィツァーの講演も多くの信徒たちに歓迎され、大きな反響を呼んで、アメリカ、オランダ、イタリア、ノルウェー、フランスで翻訳されました。

これは組織神学者ゴルヴィツァーの現代的な雅歌解釈です。ゴルヴィツァーはまず雅歌の寓喩《ぐうゆ》的解釈と歴史的解釈は両立するのだと言います。寓喩的解釈とはキリスト教会が近代まで解釈してきた雅歌の比喩的解釈です。つまり、キリストと教会の愛の関係において雅歌を解釈するということ。そして、歴史的解釈とは聖書学の歴史的批判的方法にしたがって雅歌を字義通りに解釈することです。

しかし、そこからゴルヴィッツァーは現代の教会の問題に切り込みます。1970年代のドイツの若者たちの性倫理についてです。ゴルヴィッツァーはラディカルです。今の若者たちは「合法的な性のみが神のみ旨にかなうのであり、違法な性は不道徳である」という古い規範を時代遅れとする。けれども雅歌は若者たちを然りと言う、と書いています。ただし、雅歌には性の秩序があるのであって、それは女性の完全な同等性であり、また感性的愛と人格的愛の統一性であるとゴルヴィッツァーは述べます。

神学的に見ると、雅歌の愛はアガペーに集約されないエロースを容認しています。ギリシア語ではアガペーとエロースが区別され、キリスト教ではエロースはアガペーに対して劣ると評価されます。けれども、ヘブライ語では両者は区別されません。被造物である人間はエロースを排除されていないのです。雅歌をそのようにエロースの肯定として読み取るのです。ここに組織神学者ゴルヴィッツァーの特徴があります。言われてみればあたりまえのことですが、彼は雅歌を聖書学的に読み、同時に聖書「神学的」に展開するのです。読みようによっては、男女の自由な性関係が肯定されているようです。けれども、「愛が成就するためには、あなたはそれが法制化されるまで待たなければならない。そして何らかの理由でこの法制化が不可能になるようなときには、あなたは断念しなければならない」と言います(77頁)。つまり結婚を前提としない性関係は断念されるべきだということだと思います。このあたりは、かなり性倫理を意識しています。教会に受け入れられるぎりぎりの発言と言えますが、1970年代のドイツの信徒大会で語られた講演として意義があります。

ゴルヴィツァーがこの講演の最後で触れるのは、カール・バルトの雅歌論です。

「したがって、K・バルトが雅歌を——創世記2章の第2の創造記事とならんで——第2の「人間性のマグナ・カルタ」と呼んだことは、正しかった。「わたしたちはそれを正典から追い払おうとしてはならない。したがって、あたかもそれが正典に入っていないかのごとく、ふるまってもならない。またあたかも正典の中にあるものは精神主義的な意味だけをもつかのごとく、それを精神化しようとしてはならない。……ここではもっとも自然な解釈のみが、まさにもっとも深遠な解釈でありうるのである。」(佐々木

勝彦訳『愛の讃歌』、85頁）

ゴルヴィツァーが最終的に行き着くのは先ほど紹介したバルトの雅歌解釈だということがわかります。

以上がゴルヴィツァーの雅歌解釈です。現代の若者に向けた講演ですが、雅歌を現代という文脈できちんと理解しようという意図が見られます。愛についてアガペーのみを強調する聖書の読み方に対して、雅歌がエロースの愛を語るのであって、それは教会において正当なのだというゴルヴィツァーの理解がわかります。ゴルヴィツァーについては、いわゆる解放の神学に類似した神学だと評価されることもありますが、ドイツ社会と教会を繋ぐ実践神学的な思考をしています。現代の社会通念とはいささか乖離している発言でしょうか。しかし、今日の教会において、雅歌をこのようにあくまで正典として読もうという挑戦的な姿勢があります。最終的にはバルトの終末論的な雅歌解釈とも繋がるのではないでしょうか。

3　バルトとゴルヴィツァーの共通点

バルトの雅歌解釈とゴルヴィツァーの雅歌解釈を比べて、共通するものがあります。どちらも聖書学者ではなく、組織神学者であり、雅歌を神学的に、今日の教会に引き寄せて解釈します。つまり、雅歌をこれまでただ単に寓喩的に解釈してきた教会の読み方に対して、聖書学の字義通りの解釈を取り入れながら、雅歌と教会をうまく繋げようとする議論です。現代の教会、現代の社会を念頭に置いて、雅歌と教会が乖離しない読み方を提示しようとします。バルトは終末論的に思考しますが、それは教会でしか通用しない神学的論理で、かなり観念的、思弁的です。それに対し、ゴルヴィツァーは性倫理に引き寄せて実践的に解釈しています。それは時代遅れの性倫理と言われるかも知れませんが、ある程度、社会的にも通用しうる提言だと思います。この二人の神学者の共通点として見逃せない特徴は、雅歌を人間論的に、感性的に評価するということです。創造論の文脈の中で、雅歌を解釈するのです。雅歌は人間性の第2のマグナカルタである、というバルトのテーゼは注目に値します。ゴルヴィツァーもこれを基本的に支持します。これまで雅歌を正典の一書として、そのようにしてきちんと評価した神学者はほかにいなかったのではないかと思います。現代の聖書学者が雅歌の正典性をいわば剥ぎ取るような解釈をするのに対して、二人はあくまで雅歌を正典として読み取ろうとします。ちなみに、この両者に共通する思想として、ボンヘッファー晩年の此岸的神学があるように思われます。ボンヘッファーは『獄中書簡』の中で雅歌など旧約の知恵文学を評価しました。特に、雅歌については次のように評価をしています。

完全な自立性を持ちながら、しかも定旋律に関わっているこれら対旋律的な主題の一つが地上の愛であって、聖書にも雅歌がある。そこで語られているような愛よりも熱く、官能的で燃えるような愛は、実は一つもない。キリスト教的なものを、情熱を調節することの中に見ているすべての人々に対立して（そもそも旧約聖書のどこにこのような調節があるだろうか?）聖書の中に雅歌があるということは、本当に良いことだ。」（ベートゲ編、村上伸訳『獄中書簡』、350頁）

20世紀の主要な組織神学者たちがこのように雅歌について直接的な議論をしていることは私たちにとって重要な知見ではないでしょうか。雅歌をもう一度教会の講壇に取り戻すために、新たな挑戦をしたいと思います。

第6講　現代ユダヤ哲学の「雅歌」解釈

雅歌の解釈をめぐって考察を続けます。前回は、20世紀の神学者バルトとゴルヴィツァーの雅歌解釈を紹介しました。雅歌は聖書学者だけが研究対象にするのではなく、組織神学者もまたこの書に挑むのです。雅歌はさまざまな神学的思考によって読み解ける文書です。私たちが雅歌の聖書学的注解書を読んで、これこそが雅歌の本来的意味だと安易に結論を出すことはできません。雅歌は現代においても強烈な思想的インパクトを有する書です。そこで、今回は、哲学的な雅歌解釈を紹介します。哲学的と言っても、ユダヤ哲学の雅歌解釈です。私たちにはあまりなじみがないので、関心が湧かず、敬遠されそうですが、雅歌解釈の本質に迫るものがあります。雅歌という書を「啓示」と見て、その思想世界を極めて「神学的に」説明するのです。

1　ローゼンツヴァイクの「雅歌」解釈

まず紹介したいのは、20世紀初頭のユダヤ人哲学者フランツ・ローゼンツヴァイク（Franz Rosenzweig, 1886－1929）の雅歌解釈です。ローゼンツヴァイクは、マルチン・ブーバー（Martin Buber, 1878－1965）と共にヘブライ語聖書の新しいドイツ語訳を完成させた人物としても知られています。彼の畢生の大著『救済の星』（1921年）の中にこういう記述があります。

『雅歌』は愛の歌であり、そしてまさにその点で直接に「神秘的な」詩でもあることが認識されていた。……『雅歌』は「まぎれもない」愛の歌であり、つまりは「世俗的な」愛の歌であるにもかかわらずというのではなく、まさしくそうであればこそ、人間にたいする神のまぎれもない「霊的」な愛の歌だったのである。人間は、神が愛するがゆえに愛するのであり、神が愛するとおりに愛するのである。人間の人間的な魂は、神によって目覚めさせられる魂なのである。（村岡晋一／細見和之／小須田健訳、みす

ず書房、２００９年、304頁）

ローゼンツヴァイクは、雅歌が愛の歌であると同時に、霊的な詩であると見ます。ユダヤ教の伝統的な解釈の線上で雅歌の本質を説明します。前回のバルトは雅歌を愛の歌であると受け止めると同時に終末論的に解釈し、またゴルヴィッツァーは実践的に解釈しました。それに対して、ローゼンツヴァイクは霊的に解釈するのです。しかし、ローゼンツヴァイクの「霊的」は中世神秘主義のような思考ではなく、あくまで哲学的／神学的に思考されたものです。「人間に対する神の愛」という神の主導性に応答する「人間の愛」を読み取ります。ローゼンツヴァイクはさらに雅歌を啓示の書と見て、こう述べます。

われわれは『雅歌』こそが啓示の核をなす巻であることを知ったのだが、この巻においてはこの愛のことばは、愛を語るのではなく、たんに愛について述べている唯一の箇所であり、唯一の客観的な瞬間であり、唯一の根拠づけである。愛のことばによって、創造は眼に見えるかたちで啓示のなかに入りこみ、眼に見えるかたちで啓示によって高められる。死は創造の最後のもの、創造を完成するものであり、愛は死のように強いのだ。これが愛について語られ、言い表わされ、物語られうる唯一のことである。（308頁）

これは実に深遠な言葉です。ローゼンツヴァイクによれば、雅歌は神の創造について語る啓示の書であり、死は創造の完成です。そこで、雅歌8章6節の有名な言葉「愛は死のように強く、熱情は陰府のように激しい」が新たに解釈されるのです。この「愛は死のように強く」は解釈者泣かせの難解な個所です。愛は死をもたらす破滅的な力を含むというように解釈されることもあります。けれども、ローゼンツヴァイクはそうではなくて、神による創造の完成である「死」のように愛は強いのだと説明します。天地創造において神は創造したすべてを「良かった」と評価しますから（創世記1：31）、死もまたそのようなものとして説明できますが、ローゼンツヴァイクは死を創造の完成だと見ています。そのような「死」に匹敵する「愛」の足下に創造世界全体がひれ伏すのです。なるほどと思わされます。私たちは雅歌を単なる人間の愛の歌だと読んでしまいますが、ローゼンツヴァイクに言わせれば、雅歌は神の愛の唯一性を啓示する書なのです。

このように雅歌を解釈すると、雅歌は新約聖書のヨハネ福音書3章16節と同じ意味を含んでいるのではないか、と思わされます。「神は、その独り子をお与えになったほどに、世を愛された。御子を信じる者が一人も滅びないで、永遠の命を得るためである。」これは、神が独り子を犠牲にするほどに私たちを愛されたという、神の絶対的な救済愛を証言する言葉ですが、意味的にはローゼンツヴァイクの雅歌解釈に通じます。もちろん、雅歌にキリスト論はありませんが、神の愛の唯一性の啓示という意味において雅歌は新約聖書と親和性を有するのです。これは思いがけない発見です。雅歌を霊的に解釈する解釈としてローゼンツヴァイクの雅歌論は非常に印象深いものがあります。

このように雅歌の思想世界を理解すると、神の愛と人間の愛との関係を説明することができます。つまり、律法の中心である十戒の解釈です。十戒は神の啓示です。この十戒の前半は「神への愛」の掟であり、後半は「人間への愛」の掟です。両者が律法で最も重要な掟なのですが、この十戒が神の啓示であるということについて、実は、十戒の序言が唯一の根拠づけになっています。「私は主、あなたの神、あなたをエジプトの地、奴隷の家から導き出した者である。」(出エジプト記20：2)これは、ヤハヴェがイスラエルを救い出したという「神の愛」の宣言です。この神の愛の唯一性が十戒においてまず啓示され、その絶対的な神の愛に応答するものとして、人間の愛が十戒の掟として絶対的に要求されます。このような意味において、雅歌は愛の本質を教えているということが雅歌解釈の射程に入って来ると言わざるを得ません。

2　永井晋「雅歌の形而上学／生命の現象学」をめぐって

ユダヤ哲学の雅歌解釈をもう少し掘り下げてみます。そこで、永井晋《すすむ》(1959－)の雅歌解釈を紹介します。これは「雅歌の形而上学／生命の現象学」(『現代思想』3月臨時増刊号、2012年)という論文で、フランスの哲学者エマニュエル・レヴィナス(Emmanuel Lévinas, 1906－1995)のユダヤ的思考に触発されたものです。

永井は主としてレヴィナスの『全体性と無限』と対論するのですが、レヴィナスの現象学を「生命論」として捉え、そこから倫理学へと展開します。その際に雅歌をエロス的生命を扱うテクストとして用い、哲学的な雅歌解釈を試みるのです。永井の雅歌論は、相反する二つの方向を示します。以下、それを紹介します。

まず、雅歌冒頭の句についてカバラー的ミドラーシュ解釈を参照しつつ、唯一の神の生命がエロスを通して生命の気息として流出し、多様化して律法へと形態化する下降の過程を見ます（302頁）。ずいぶん難解な説明で、哲学的な内容のように思えますが、要するに、雅歌において、まず最初に神によるエロス的愛が人間に示されるということです。わかりやすく説明しましょう。

雅歌の冒頭にはこう書かれています。「あの方が私に口づけをしてくださるように。あなたの愛はぶどう酒よりも心地よく、あなたの香油はかぐわしい。」（1：1―2）この句は官能的ですが、これについて、神は初めに人間に愛を示したと解釈されるのです。これはヴィルナのエリヤ（18世紀）によるミドラシュ的解釈を援用したもので、ヘブライ語の「口づけ」が複数形であることがポイントです。この「口づけ」の二重性が、実は、出エジプト記の十戒の二つの掟と関係するというのです。

第一戒：「私はあなたがたの唯一の神」（唯一神の宣言）

第二戒：「私以外の神を崇めるな」（偶像崇拝＝一者の多様化の禁止）

第一戒の神の唯一性は、この言葉が神の口から発せられるや否や早くも二重化し、同時にこれら二つの戒めをただ一つの言葉にします。しかも、これは倫理的戒めではなくて、倫理以前の形而上学的事態だと説明されます（304頁）。とても哲学的ですが、語られていることはだいたいわかるのではないでしょうか。雅歌は、まず神が愛を示したことから始まります。それは神による崇高なエロス的愛の啓示であって、人間の創造を意味します。しかし、それは同時に、神による戒めの授与と関係するのです。ここが面白いところです。創世記の「創造」のみならず出エジプト記の「掟の授与」が雅歌冒頭の句において啓示されている、という解釈です。キリスト教の神学者は雅歌をもっぱら創造論的に解釈する傾向がありますが、ユダヤ哲学は、それのみならず倫理学的に解釈する傾向が強いのです。もちろん、雅歌の冒頭の句は「倫理以前の形而上学」と言われますが、創造論と倫理学を分離しないところにユダヤ哲学の特徴があります。

次に、永井は逆の方向で雅歌を解釈します。相反する二つ目の方向とはこのことです。世界内に追放された自己が、神に吹き込まれた生命の気息を通して、神の痕跡である律法の倫理的経験を経て、さらにエロス的経験において唯一の神の生命そのものへと上昇してゆく過程を見てゆきます（302頁）。これもずいぶん難解ですが、わかりやすく説明しましょう。
まず注目されるのは雅歌5章です。

私は眠っていましたが、
こころは覚めていました。
ほら、聞いてごらん。愛する人が戸を叩いている。
「私の妹、恋人よ、開けてください。
私の鳩、汚れなき人よ。
私の頭は露で
髪は夜露で濡れてしまった。」（5：2）

これは乙女が語る部分ですが、世界の内に追放されながらも不在の生命／神に覚醒し、それを追い求める形而上学的欲望を詩的に表現したものと解釈できます。「眠っている」とは、その世界の中にいながらもこの乙女が一なる生命／神へのエロス的な思慕を失わないことを意味します（306頁）。この句に続いて、乙女と恋人とのより具体的なエロス的関係が示唆されます。この後、すぐに立ち去ってゆく恋人への憧れが次のように歌われます。

私は衣を脱いでしまいました。
どうして、また着られましょうか。
足を洗ってしまいました。
どうして、また汚せましょうか。
愛する人は隙間から手を差し伸べました。
私の胸はその方のゆえに高鳴ります。
私は愛する人に戸を開けようと起き上がりました。
私の両手から没薬が滴り
没薬が私の指から
かんぬきの取っ手の上へこぼれ落ちます。

私は愛する人に扉を開きました。
けれども、愛する人は背を向けて
去ってしまった後でした。
あの方の言葉で、私は気が遠くなりました。
私は捜し求めましたが、
あの方は見つかりません。
私は呼び求めましたが
あの方は答えてはくれません。（5：3─6）

少し長い雅歌テクストの引用になりましたが、ここもエロス的関係が表現され実に官能的です。乙女と恋人は恍惚の中で合一するや否や、恋人はすぐさま立ち去ってしまいます。このエロス的経験は互いにとって唯一のものである恋人同士の分離と合一という、二者と一者の形而上学的経験の構造を示すと解釈されるのです。恋人とのエロス的関係が「官能」「恍惚」として経験されるためには、私は他者＝恋人と一体化し、融合しつつも、あくまで二つに分離され、自己であり続けなければなりません（308頁）。このような倫理的（人間関係的）な論理は、前に説明した「口づけ」と位相を異にせず、むしろ逆の方向で、人間が唯一の神を憧れると同時に、他者をそのようなものとして慕い続けるということだと永井は見るのです。

ずいぶん難しい説明になりましたが、要するに、まず神によるエロス的愛が人間に示され、それへの応答として、人間は神に、また隣人にエロス的愛を示すことが掟として要求されるということです。

3　ユダヤ哲学的な「雅歌」解釈

雅歌がこのように解釈されるということはちょっと驚きです。ローゼンツヴァイクも永井も思考は哲学的ですが、内容的には非常に崇高な神学的論理による雅歌解釈なのです。雅歌のテクストを神と人間という垂直的関係と捉え、神から与えられた愛に応えようと人間が神を慕い求めるのです。その神を愛する行為こそ、他者を愛する水平的・倫理的行為です。しかし、エロス的経験においては、どれほど他者を愛しても一体とはなれません。つまり、他者を自己のものにすることはできないということです。その限界性がまた雅歌のテーマになっていると言えます。それは、神と人間は決して融合しないという旧約宗教の本質に関わります。今回扱った二つの文献は雅歌の思想世界をユダヤ哲学的に読み取ると同時に、雅歌から倫理的なメッセージを引き出すという見事な解釈だと思います。

愛の歌として書かれている雅歌に崇高な倫理性を見るという発想には目が開かれます。つまり、雅歌は創造論として捉えられるというより、出エジプト記が示す律法への従順という倫理学として捉えられ得るということです。このような発想で雅歌を読み解くユダヤ哲学的解釈は実に魅力的です。しかし、雅歌は果たしてもともとそのような意図で書き記されたのでしょうか。筆者は雅歌の再解釈としては納得できますが、それ以上の評価はできません。

第7講　トリブルの「雅歌」解釈

雅歌の解釈をめぐって考察をさらに続けます。今回はフィリス・トリブル（Phyllis Trible, 1932－）の雅歌解釈を紹介します。トリブルはフェミニスト神学者ですが、旧約聖書学者として大変優れた研究をしています。かつて日本に滞在して大学で教鞭を執ったこともあって、日本でもよく知られる学者です。彼女の『神と人間との修辞学――フェミニズムと聖書解釈』（河野信子訳、ヨルダン社、１９８９年）という著書の中に、雅歌について注目すべき論考が載っています。雅歌のフェミニスト解釈と言うと、聖書テキストから逸脱した解釈を予想する人がいるでしょうか。しかし、決してそういう解釈ではありません。トリブルの聖書解釈の方法は修辞批判的方法と呼ばれるものです。テキストの文学的・文体的特徴に注目して、テキストの意味を深く掘り下げて解釈するのです。

トリブルの雅歌解釈で興味深いのは、雅歌の読み方を旧約聖書全体の文脈の中で考えることです。特に、創世記2―3章の創造物語との関連で雅歌を読み解きます。前々回、私はバルトの雅歌解釈を紹介しました。バルトの雅歌解釈は、創世記2章の創造論をばねにして終末論的に読み解くもので、バルトは雅歌を「人間性の第2の大憲章《マグナ・カルタ》」と呼びました。バルトは組織神学者として雅歌を終末論的に解釈しました。その終末論的解釈に対して、以前、私は聖書学的に飛躍があると批判をしたのですが、トリブルは聖書学者としてこの問題に取り組んでいます。バルトの読み取りの線を、つまり雅歌と創世記2章の繋がりを修辞批判的方法で説明するのです。

1　創世記2―3章から「雅歌」へ

創世記2―3章はいわゆるヤハウィストの創造物語です。これをトリブルは「つまずいたラブ・ストーリー」と呼びます。トリブルによれば、創世記2―3章は次のような四部構成です。

序　章（創世記2：4b―7）
第一場：エロスの展開（創世記2：7―24）
第二場：不従順の転換点（創世記2：25―3：7）
第三場：エロスの破壊（創世記3：8―24）

以上の創造物語のストーリーは、トリブルによれば、造られたエロス⇩汚されたエロス⇩有罪を宣告されたエロス、という思想的な流れで捉えることができます。つまり、神の創造は、神が男と女を創造し、この男と女の愛の物語として展開するのですが、創造されたエロスは汚され、有罪を宣告され、追放されるという破局で終わるのです。少々長くなりますが、トリブルの言葉を引用します。

「創世記2―3章は、私がこの庭の鍵を開けるために用いる解釈学的な鍵である。その物語は四つのエピソードの中で発展するエロスで始まる。それらは地の生き物を形造り、園をもうけ、動物を造り、そして性別の創造である。しかし、悲しいことに。イシュとイッシャーが一つの体となった時に宣告されたその完成は、不従順によって崩壊してしまった。その結果、ヤハウェ神は包括的な男と、不可視的な女を園から追い出し、「エデンの園の東に、ケルビムとどちらにも回る炎の剣をおき、生命の木に至る道を守らせられた」（創世記3：24、RSV）。あきらかに、創世記2―3章は創造の園への復帰を全く提示していない。しかしながら、聖書が聖書を解釈するのと同じように、それはエロスのもう一つの園、すなわち雅歌に入っていくために私の手がかりを用意してくれる。拡張、省略、逆転を通じて、この詩は骨の骨、肉の肉である愛を取り戻す。言い換えると、雅歌はつまずいたラブ・ストーリーを取り戻すのである。」（209―210頁）

この引用でトリブルが何を考えているか、また雅歌をどのように読もうとしているかが、おおよそわかります。創世記の創造物語はエロスの破綻であり、男と女は楽園から追放されて、もはやそこに帰ることはできません。創世記3章の最後は、ケルビム（神の臨在）によって楽園への復帰が禁じられています。楽園を追放された男と女はもう二度とそこには戻れない。そういう意味で、創世記の創造物語は完結しているのです。けれども、いや、だからこそ、この楽園物語はもう一つの「楽園物語」である雅歌への入り口になるのだとトリブルは考えるのです。確かに、創造物語では、男（イシュ）は女（イッシャー）に対して「わたしの骨の骨、わたしの肉の肉」と言います（2：23）。この愛の声は、親密なささやき、歓喜の叫び、完成の静寂をもって恋人から恋人に語り掛けられるものです。この愛の声、愛のこだまが雅歌に響きわたっているではありませんか。雅歌は創造物語の文脈において解明可能になるのです。トリブルはこういう風にも説明します。「もともと、人間の創造は、性別の創造においてその完成をみたのであり、地の生き物は男と女の二つになり、その二つが一つの体になった。そのような情欲的な完成でもって、雅歌は始まり、持続し、そして完成する。」（211–212頁）

トリブルの雅歌解釈のポイントは明瞭です。つまり、雅歌は、聖書全体の中で、創世記の創造物語に接続する意味を持っていると説明できるのです。前者が「つまずいたラブ・ストーリー」であるのに対して、雅歌は「取り戻された愛の抒情詩」だというわけです。フェミニスト的な解釈に違いありませんが、トリブルはテクストを文学的に、修辞批判的に読み取ろうとしています。

創世記の創造物語について少々コメントを加えておきます。創世記2－3章はいわゆるヤハウィスト（以前の学説では、ヤハウィスト（ヤーウィスト）資料は祭司記者資料よりも古いとされてきたが、研究が進み、表現形式・信仰内容も知恵文学に近い部分もあり、現在では、バビロニア捕囚よりも後代という説が強くなってきている。仮説文章資料である。）によるものだと言われます。その直前にある創世記1章－2章4節前半は、祭司文書（紀元前五八七年に南王国ユダが新バビロニア帝国に敗れ、エルサレム神殿が徹底的に破壊され、その当時の指導者層の人々がバビロニアに連行された。この様な状況の下で祭司職人（現在祭司記者と呼んでいる）の中から、バビロニアの神話に対抗する形で、自分たちの信仰書を作り出したと考えられている仮説文章資料。）による創造物語としてヤハウィストから区別されます。なにしろ神名が異なっているからです。祭司文書では神名は「神」ですが、ヤハウィストでは「主なる神」です。両者は内容的にも異なっています。祭司文書の方では、人間は神にかたどって造られ、しかも最初から男と女として創造されます。これに対して、2章4節後半からのヤハウィストの創造物語では、人間は土の塵で造られ、命の息を吹き込まれて生きる者となり、この人間（アダム）が眠っている間に、そのあばら骨の一部から、女が造られます。創世記では、この二つの創造物語が並列して記されています。祭司文書とヤハウィストの相違は文書仮説によって説明できます。ただし、両者の成立、歴史性の問題についてトリブルは踏み込みません。あくまで、文学的な視点でテキストを読み取ることにトリブルの関心があります。この創世記の文脈の延長線上に、雅歌という文書がその射程に入って来ます。

2 「雅歌」の構造分析と文学的解釈

トリブルによる雅歌の分析を具体的に紹介します。雅歌は愛の交響楽として、五つの主な楽章を展開します。雅歌の構造分析は次の通りです(引用は聖書協会共同訳)。

序章(1：2―2：7)
「あの方が私に口づけをしてくださるように。」(1：2)
「エルサレムの娘たちよ、ガゼルや野の雌鹿にかけて私に誓ってください。愛が望むまで目覚めさせず、揺り起こさないと。」(2：7)
第二楽章(2：8―3：5)
「愛する人の声、ほら、あの方がやって来ます。山々を跳び越え、丘を跳びはねて。」(2：8)

「エルサレムの娘たちよ、ガゼルや野の雌鹿にかけて私に誓ってください。愛が望むまで目覚めさせず、揺り起こさないと。」（3：5）

第三楽章（3：6—5：8）

「荒れ野から煙の柱のように、上って来る人は誰でしょう。没薬と乳香、商人のもたらすあらゆる香料をくゆらせながら。」（3：6）

「エルサレムの娘たちよ、私に誓ってください。私の愛する人を見つけたら、私が愛に病んでいる、と伝えると。」（5：8）

第四楽章（5：9—8：4）

「女たちの中で誰よりも美しい人よ、あなたの愛する人はほかの人より、どこがまさっているのですか。私たちにそれほどまでに誓わせるとは、あなたの愛する人はほかの人よりどこがまさっているのですか。」（5：9）

「エルサレムの娘たちよ、私に誓ってください。愛が望むまで目覚めさせず、揺り起こさないと。」（8：4）

第五楽章（8：5—14）

「愛する人に寄りかかり、荒れ野から上って来る人は誰でしょう。」（8：5）
「私の愛する人よ、急いでください。香り高い山々のガゼルや若い雌鹿のようになって。」（8：14）

トリブルは雅歌の構造を見事にとらえています。はじめの四つの楽章の各結論で、女は「エルサレムの娘たちよ、私に誓ってください」という同一の呼びかけを口ずさみます。また三つの楽章の結びでは「愛が望むまで目覚めさせず、揺り起こさないと」という愛の定型句が繰り返されます。それぞれの楽章は形式が共通していて、全体構成が円環的であることを示します。雅歌全体がリズムを持ち、まるで交響曲のように奏でられていることがわかります。

トリブルは雅歌の内容についても、鋭い考察をしています（223–240頁）。創世記の創造物語との対比において雅歌の思想が浮き彫りにされます。たとえば、雅歌には多くの動物たちが登場し、男は女の美しさを動物の隠喩で描きます。

なんと美しい、私の恋人よ。
なんと美しい、ベールの奥の目は鳩のよう。
あなたの髪は
ギルアドの山を駆け下りる山羊の群れのよう。
あなたの歯は、洗い場から上って来る
毛を切られる羊の群れのよう。
それらは皆、双子を産み
子を産めないものはありません。
あなたの唇は紅の糸のよう、話す口元は愛らしい。
ベールの奥の頬は、はじけたざくろのよう。
あなたの首は
武器庫として建てられたダビデの塔のよう。
千の盾がそこに掛けられている。
それらは皆、勇士たちの小盾。

あなたの二つの乳房は二匹の小鹿のよう。
百合の間で草を食んでいる双子のガゼル。（4：1―5）

たくさんの動物たちが比喩的に表現されます。さらには、雌馬《めうま》（1：9）、山鳩（2：12）、獅子と豹（4：8）もこの世界に住み、雅歌ではすべての自然界が女性と男性の愛をほめたたえます。創世記2―3章ではどうでしょうか。動物たちは人間によって名前を付けられる被支配的存在ですが、3章には人間を騙す悪辣な蛇も登場し、あいまいであり、アンビバレント（「相反する感情や考え方を同時に心に抱いている」さまを指す言葉。英語の ambivalent.）です。それに対して、雅歌ではすべての動物たちが男と女のエロスに仕えています。ぶどう園を荒らすジャッカル（狐）ですら、愛によって捕まえられます（2：15）。そういう意味で、創造物語との対照が明らかです。

さらにまた、創世記の創造物語と比較すると、男と女の関係も対照的です。創世記の方では、女は男の助け手として男から造られます。けれども、雅歌では、男の支配はなく、女の従属もなく、いずれの性においても固定した考え方はありません。女性は自立していて、自ら行動し、男とまったく同等です。女性の行動は大胆で、あけっぴろげです。さらに言えば、雅歌では女は妻（イッシャー）とは呼ばれず、子どもを産むことも要求されません。雅歌は結婚や生殖の問題について語っていないとトリブルは理解しています。フェミニスト的な解釈ではありますが、なるほどと思わされます。創世記の「つまずいたラブストーリー」は、雅歌の「取り戻された愛の抒情詩」へと確かに展開しているのです。

3　トリブルの「雅歌」解釈の評価

トリブルの雅歌解釈は見事です。バルトは、「神とイスラエル」という契約の枠組みで、創造物語と雅歌を繋げました。契約という神学的枠組みにおいて、創造とその完成として創世記と雅歌を位置づけるのです。雅歌は徹頭徹尾、終末論的に解釈されます。組織神学的にはこのような雅歌解釈が成り立ちますが、正典として旧約聖書を読む場合には、このバルトの考え方には飛躍があります。雅歌がそもそも終末論的に書かれた文書だとは思えないからです。

これに対して、トリブルは旧約聖書の文脈において、創造物語と雅歌の関係性を読み取ります。文学的なレベルで分析する修辞批判的な方法ですが、これは今日ではインターテクスチュアリティー（間テクスト性 テクストの意味を他のテクストとの関連によって見つけ出すこと。）と言ってもよい方法論です。雅歌の起源に遡って、雅歌を古代オリエントの愛の歌だと説明するのが最近の聖書学の到達点であり、またこれをどう現在化して解釈するかということが共通の関心事になっています。けれども、トリブルの解釈は旧約聖書の文脈の中できちんと雅歌を位置づけ、これを創造物語との対比で文学的に読み解きます。これのみが正しい雅歌解釈だとは言えませんが、トリブルは正典としての雅歌の意味と面白さを私たちに教えてくれます。フェミニスト解釈の一例として評価されるだけでなく、雅歌の文学的解釈としてトリブルの解釈は大いに意義があります。

第8講　ラコックの「雅歌」解釈

今回はラコックの解釈を取り上げます。アンドレ・ラコック（André LaCocque, 1927－）は米国のフランス系旧約学者で、Romance, she wrote. A Hermeneutical Essay on Song of Songs, Harrisburg, 1998. という雅歌に関する優れた研究書を書いています。これに注目してみたいと思います。この本に注目するのは、著者ラコックの解釈の仕方が実に見事で、しかも雅歌のテキストに密着しているからです。ラコックもまた現在の雅歌解釈において字義的解釈と比喩的解釈の間に断絶があることを認め、両者を架橋しようと試みます。言い換えると、雅歌のテキストを比喩的に解釈する従来の解釈方法を尊重しながら、同時にまた、字義的解釈に徹するという方法です。そこでラコックは、雅歌のテキストを旧約の他の箇所との類似性において説明しようとします。とりわけ預言者のテキストとの繫がりを重視します。これはインターテクスチュアリティー（間テクスト性）という解釈方法です。これによって、雅歌のテキストの意味と意図が解けてくるのです。まさに雅歌の謎解きをしてみせるのです。先に、バルトやトリブルが創世記1－2章との関係において雅歌の意味を解き明かすという試みをしましたが、ラコックはこれを旧約全体に広げて、様々な旧約テキストとの関係において雅歌を解釈するのです。ラコックは結論として、雅歌の著者は女性であり、また雅歌の意図はイスラエルの伝統破壊だということを説明します。この結論の評価については吟味される必要がありますが、まずはラコックの解釈を具体的に紹介しましょう。

1　ラコックの「雅歌」解釈①――2章16－17節の解釈

まず紹介したいとのは2章16－17節についてのラコックの解釈です。

愛するあの方は私のもの。

私は、百合の中で群れを飼っているあの方のもの。
愛する人よ
日が息をつき、影が逃げ去るまでに
ガゼルや若い雄鹿のように
険しい山々を越え、戻って来てください。

ラコックは前半の16節の意味はレビ記26章12節やホセア書2章25節と並行関係にあり、そこから理解できると言います。これを引用します。

（私は）あなたがたの間を巡って、あなたがたの神となり、あなたがたは私の民となる。（レビ記26：12）
私は……「あなたはわが民」と言う。彼もまた言う。「わが神よ。」（ホセア書2：25）

レビ記の場合も、ホセア書の場合も、ヤハウェが一人称で語り掛けています。雅歌の著者はこれらの箇所を念頭に置いて表現しているとラコックは説明するのです。確かに、レビ記もホセア書も、神とイスラエルの相互関係の緊密さを述べています。このような表現を意識しながら雅歌は乙女と若者の愛の関係を表現していると見るわけです。なるほどと思わされます。

後半の17節は謎めいています。ガゼルや若い雄鹿が出て来て、山々を飛び跳ねるとは何を意味しているのかわかりづらいところ。これについて、ラコックは創世記15章10節とエレミヤ書34章18―19節との対応関係を指摘します。

アブラムはこれらのものをみな持って来て、真ん中で二つに切り裂き、切り裂いたものを互いに向かい合わせて置いた。鳥は切り裂かなかった。（創世記15：10）

私の契約を破り、私の前で結んだ契約の言葉を守らない者を、彼らが契約に際して二つに切り裂き、その間を通ったあの子牛のようにする。ユダの高官、エルサレムの高官、宦官、祭司、および国の民のすべてが、二つに切り裂いた子牛の間を通った。（エ

レミヤ書34：18―19）

この創世記とエレミヤ書の引用は、契約の締結についてイスラエルの伝統を記述しています。神とイスラエルの契約において、二つに切り裂かれたいけにえの動物の間を通って契約は締結されるのです。これが、雅歌の「険しい山々を超えて」において意識されているとラコックは説明します。「険しい山々」はヘブライ語では「山々の谷間」、「二つに裂けた山々」という意味だからです。これは、前にタルグムの解釈でも触れました。その険しい山々の間を越えて行くということが、二つに切り裂かれたいけにえの間を通って契約を結ぶことになります。これについて、ラコックは雅歌の「険しい山々」は女性の二つの乳房を指していると言います。これは不敬と見なされるぎりぎりの解釈ですが、ラコックはガゼル（ツェビー）と若い雄鹿（アヤーリーム）という名詞が音韻上、神名（ツェバオート／エローヒーム）をほのめかし、その意味において、神とイスラエルの関係が示唆されていると説明します。意表を突く解釈で皆さんは驚くでしょうか。

ここでは、ラディカルに脱倫理化・脱神聖化が意図されている！　とラコックは読み解

郵便はがき

恐縮ですが
切手を
お貼りください

113 - 0033

東京都文京区本郷 4-1-1-5F

株式会社ヨベル YOBEL Inc. 行

ご住所・ご氏名等ご記入の上ご投函ください。

ご氏名：　　　　　　　　　　（　　　歳）
ご職業：
所属団体名（会社、学校等）：
ご住所：（〒　　　-　　　　）

電話（または携帯電話）：　　　（　　　　　）
e-mail：

表面に ご住所・ご氏名等ご記入の上ご投函ください。

●今回お買い上げいただいた本の書名をご記入ください。
書名：

●この本を何でお知りになりましたか？
1. 新聞広告（　　　）2. 雑誌広告（　　　）3. 書評（　　　）
4. 書店で見て（　　　書店）5. 知人・友人等に薦められて
6. Facebook や小社ホームページ等を見て（　　　）
●ご購読ありがとうございます。
ご意見、ご感想などございましたらお書きくださればさいわいです。
また、読んでみたいジャンルや書いていただきたい著者の方のお名前。

・新刊やイベントをご案内するヨベル・ニュースレター（E メール配信・不定期）をご希望の方にはお送りいたします。
（配信を希望する／希望しない）

・よろしければご関心のジャンルをお知らせください
（哲学・思想／宗教／心理／社会科学／社会ノンフィクション／教育／歴史／文学／自然科学／芸術／生活／語学／その他（　　　）

・小社へのご要望等ございましたらコメントをお願いします。

自費出版の手引き「**本を出版したい方へ**」を差し上げております。
興味のある方は送付させていただきます。
資料「**本を出版したい方へ**」が（必要　必要ない）

見積（無料）など本造りに関するご相談を承っております。お気軽にご相談いただければ幸いです。

＊上記の個人情報に関しては、小社の御案内以外には使用いたしません。

きます。この著作の中で、ラコックはパロディーやカーニバルという独自の概念を用いて、雅歌の意図（事柄をひっくり返すラディカリズム）を読み取ろうとしますが、この箇所もそれに当てはまります。要するに、神とイスラエルの相互関係が男女の愛の相互関係と重ねられているとラコックは読み取るのです。インターテクスチュアリティーという方法を用いて雅歌のテキストを字義的に読むと同時に、メタファー（伝統的には修辞技法のひとつとされ、比喩の一種、隠喩。）の次元で読み解くと、このような説明が可能になります。ちょっとショッキングな解釈ではありますが、なるほどと思わせるものがあります。

2　ラコックの「雅歌」解釈②——1章5—6節、4章4節

もう一つの箇所を紹介します。これまでも取り上げた箇所、1章5—6節です。

エルサレムの娘たちよ
私は黒くて愛らしい。

ケダルの天幕のように
ソロモンの幕布のように。
私を見つめないでください。
日に焼けたので、私は黒いのです。
兄弟たちが腹を立て
私にぶどう畑を見張らせたのです。
けれども、自分のぶどう畑は見張りませんでした。

興味深いことに、ここでは乙女の肌の黒さはソロモン神殿の「垂れ幕」に喩えられています。ラコックは出エジプト記26章36節の祭儀的記述と結びつけます。実際に神殿の垂れ幕は黒かったかもしれません。とにかく、乙女の肌の黒さはイスラエルの礼拝の祭具に関係します。さらに、「私は黒いのです」はヨブ記30章28、30節の「私は日にも当たらず、……私の皮膚は黒くなって剝げ落ち」に関連するとラコックは見ます。ヨブ記では、ヨブの悲惨を告白する文脈です。そういう意味では、雅歌の「私は黒いのです」はもともと否定的な含みを持っているはずです。にもかかわらず、「私は黒くて愛らしい」と乙女が語ることにおいて、愛による象徴の反転があるとラコックは説明します。実際、雅歌6章10節では乙女について「暁の光のように……その人は満月の様に美しく、太陽のように輝き」と表現されているからです。太陽で焼かれた肌の黒い乙女が、太陽のように輝くと逆転しているのです。このように説明することによって、ラコックは背景に社会的対立関係を想定し、エルサレム中心主義に対する雅歌の著者の批判的な姿勢を読み取ります。

ラコックの解釈の特徴がよく現れる箇所として、さらに4章4節の解釈も紹介しましょう。

あなたの首は
武器庫として建てられたダビデの塔のよう。
千の盾がそこに掛けられている。
それらは皆、勇士たちの小楯。

ここは、乙女の美しさをたたえるワスフと呼ばれる詩文の一部です（第2講参照）。乙女の姿を上から下へと順番に称賛して行きます。4節は乙女の首の美しさをたたえます。ここでの特徴は、「ダビデの塔」が語られ、「千の盾、勇士たちの小楯」が出てくること。ここでの女性のイメージは軍事的です。確かに、雅歌には「城壁」（8：9、10）、「レバノンの塔」（7：5）など戦争用語が出てきます。これは男性の視点から、攻略困難な愛の対象ということを意図しているかも知れません。そういえば、コヘレトの言葉の7章にも女性について軍事的な用語が使われています。ラコックによれば、雅歌ではシュラミテ（「シュラムの女」）という名前がシャロームと語根が同じであるゆえに、著者は平和を支持しています。また、ダビデという名前はドード（愛する人）と同じ語根であり、子音字では同一です。ダビデはヨナタンをこよなく愛し、サムエル記下1章26節では「あなたの愛は女の愛にもまさってすばらしかった」と表現されているゆえに、雅歌では乙女と恋人との関係は対等であるとされます。

このテキストの全体のイメージとしてラコックが指摘するのは、エゼキエル書27章10—11節との関係です。

ペルシア、リディア、プトの人々は
あなたの軍隊の戦士となり
盾と兜をあなたに掛け
あなたに輝きをもたらした。
アルワドとヘレクの人々はあなたの周囲の城壁の上にあり、ガマディム人たちはあなたの塔の中におり、その小楯を周囲の城壁に掛け、あなたの美しさを完成させた。

このエゼキエル書の引用では、預言者がティルスに対して批判的に語り、最終的にティルスの滅亡を予告します（27：27「あなたの財宝、品物、商品、船乗り、水夫、水漏れの修繕工、商品の交易者、船上のすべての戦士、あなたの中にいるすべての人々は、あなたの倒れる日に海のただ中に沈む。」）。それに対して、雅歌はこの意味をひっくり返し、ティルスに対して言われた嘲りを、称賛として乙女に向け語っています。つまり、雅歌の著者はエゼキエル書の審判預言を逆手に取り、乙女の美しさの賛美として肯定するのです。この意味において、雅歌はイスラエルの伝統的な思想を批判しているとラコックは考えます。ラコックの解釈を皆さんはどう評価するでしょうか。私は雅歌を解き明かすラコックの舌鋒《ぜっぽう》の鋭さに魅了されます。けれども、それと同時にある種の行き過ぎを感じ取ります。

3　ラコックの「雅歌」解釈の意義と批判

ラコックの解釈は雅歌の謎解きをする上で、方法論的に重要な手掛かりになります。雅歌のテキストを解釈する上で、旧約の他のテキストとの関係を考えることは、つまり旧約聖書全体という文脈で雅歌を解釈するということは、非常に重要であり、また有効だと考えられます。これは、方法論としては Sitz im Leben（生の座）ではなく、Sitz im Buch（旧約の座）においてテキストを解釈するということでもあります。ただ、ラコックが結論とするように、雅歌がラディカルにイスラエルの伝統を破壊する意図を有しているかどうかについては疑問が残ります。確かに、一貫した愛の詩文という文学性において、雅歌にはイスラエルの伝統的な知見とはずいぶん印象が異なる部分は見られますが、だからと言って、それがイスラエルの伝統を木っ端みじんにする破壊性を示しているとは思えないのです。コヘレトの言葉もそのような伝統破壊性という範疇《はんちゅう》に含まれる可能性があります。けれども、旧約聖書というイスラエルの伝統において考えるならば、雅歌はむしろイスラエルの伝統を継承する文書として考えるべきではないでしょうか。ラコックの解釈方法に触発されながらも、それとは別の方向を探ってみたいと思います。

第9講　知恵文学の「謎解き」

　雅歌の解釈をめぐって考察をしてきました。いくつかの解釈を紹介しましたが、私自身の解釈についてそろそろきちんと書かなければなりません。第1講に多少、書きましたが、それは、雅歌が旧約の知恵文学であって、知恵の「謎解き」を企てている書ではないかということです。雅歌という文書がそれ自体として比喩的解釈の機能を内蔵していると見る私の仮説です。この仮説を今回、もう少し丁寧に述べたいと思います。

1　「謎解き」ということ

「謎解き」とは、知恵文学に固有なものとして内在する解釈の方法です。箴言1章1―6

節にこう書かれています。

イスラエルの王、ダビデの子ソロモンの箴言。
これは知恵と諭しを知り
分別ある言葉を見極めるため。
見識ある諭しと
正義と公正と公平を受け入れるため。
思慮なき者に熟慮を
若者に知識と慎みを与えるため。
知恵ある人は聞いて判断力を増し
分別ある人は導きを得る。
箴言と風刺を
知恵ある言葉と惑わす言葉を見極めるため。

この箴言冒頭では知恵の定義が語られ、おしまいの6節で、「分別ある人」が見極めるべきことが4つあると言われています。「箴言」「風刺」「知恵ある言葉」「惑わす言葉」の4つです。「箴言」（マーシャール）は格言のこと、「風刺」（メリッツァー）は「寓話」や「譬え話」を意味し、「知恵ある言葉」（ディブレー・ハカーミーム）は賢者たちが語った言葉のことで、「金言」と言えるでしょうか。そして、最後の「惑わす言葉」（ヒードーターム＝ヒーダーの複数形）は、「謎」あるいは「暗示的な言葉」を意味します。箴言という格言集（メシャリーム）はこれらのことをすべて含んでいるということです。

この6節に出て来る4つの語はそれぞれに意味が重なり合い、融合しています。ヘブライ語のニュアンスはギリシア語に訳されると、微妙なずれが生じます。たとえば、「風刺」（メリッツァー）は基本的には「寓話」「譬え話」を意味しますが、ギリシア語70人訳聖書では、パラボレー（譬え）がマーシャール（箴言）の訳語となります。面白いことに、知恵文学では、譬え話を解釈し理解することも知者が果たすべき重要な解釈の方法です。新約聖書の譬え話と比較して考えてみましょう。皆さんがよく知っているマルコ福音書4章の「種蒔きの譬え」に注目します。

よく聞きなさい。種を蒔く人が種蒔きに出て行った。蒔いている間に、ある種は道端に落ち、鳥が来て食べてしまった。(3—4節)

これは譬えの導入部分です。種蒔く人の姿が描写され、最初に蒔かれた一粒の種の顛末が記されます。この譬えは、しかし解き明かされる必要があります。主イエスはこれを次のように解き明かしました。

種を蒔く人は、神の言葉を蒔くのである。道端のものとは、こういう人たちである。そこに御言葉が蒔かれ、それを聞いても、すぐにサタンが来て、彼らに蒔かれた御言葉を奪い去る。(14—15節)

これは譬えの「謎解き」であり、これによって、先の譬えの謎が解けます。つまり、3—4節の譬え話は「謎かけ」なのです。この譬え話を字義通りに読んでも意味を読み取ることはできません。「譬え話」は字義通りには、ただ単に種蒔く人の逸話に過ぎないのです。しかし、この譬え話には隠された意味が含まれています。謎解きがされて初めて「譬え話」は譬え話として意味を持ちます。この「謎かけ」と「謎解き」の両方がマルコ福音書の譬え話に記されているのです。この「譬え話」では、「種」は「神の言葉」、「鳥」は「サタン」のメタファーとしての両義性を有しています。「種」はシニフィアン（指示するもの）であり、「神の言葉」はシニフィエ（指示されたもの）です。重要なことは、このマルコ福音書の「譬え話」にはそれ自体として謎解きのベクトルが織り込まれているということです。譬え話の真の意味は解き明かされなければなりません。この「譬え話」の解き明かしのメカニズムは、旧約の知恵文学に由来します。福音書は旧約の知恵伝承を的確に継承しているのです。

箴言では、このような「譬え話」がマーシャール「格言」あるいはメリツァー「風刺」に含まれるのです。そしてまた、この譬え話の意味を解き明かすことが知者の使命だとされるのです。そこで、「格言」「風刺」と並んで、もう一つの知恵的要素であるヒードータ―ム「惑わす言葉」（あるいは謎かけ）について考えてみましょう。第1回でも紹介しましたが、箴言の「謎かけ」を紹介します。

わたしにとって、驚くべきことが三つ、知りえぬことが四つ。天にある鷲の道、岩の上の蛇の道、大海の中の船の道、男がおとめに向かう道。（箴言30：18—19、新共同訳）

この箴言の格言には「謎かけ」が読み取れます。ヘブライ語の「デレク」（道）が謎かけとして機能します。デレクは字義通りには「道」であって、鷲が空を飛ぶ経路、蛇が這う道筋、大海を渡る航路は、それぞれ追跡不能な驚くべき「道」です。けれども、デレクには比喩的には「態度」や「支配」という意味もあります。四番目の「男がおとめに向かう道」の「道」は「歩行経路」だけではなく、「（結婚への）態度」や「（おとめの）占領」をも暗示します。そこに、驚くべきこと、すなわち男女の愛は謎めいていて、とうてい知り得ないという謎かけの「落ち」があるのです。ウイットに富んだなぞなぞです。知者は愛の秘義性に関心があります。この箴言の格言では、デレク「道」はいわば暗号的言語であって、知者である箴言の著者は同時的解釈の仕掛けをし、この四つの例を並べて解いて見せるのです。箴言冒頭で、知者がマーシャールやメリツァーのみならず、ヒードータームを理解する、ということはこういうことなのです。これを単なる言葉遊びや駄洒落にすぎないと過小評価することはできません。このような暗号的言語を用いたなぞなぞは箴言のいたるところに見られます。要するに、箴言を典型とする知恵文学は、字義通りの読みのほかに、二義的、多義的な意味を含んだ文学形態だということです。知恵文学には、字義通りの読みとその解釈の機能が内蔵されているのです。

2　雅歌の「謎解き」を理解するために

雅歌には知恵文学に固有の「謎解き」が機能しています。雅歌の冒頭に「ソロモンの雅歌」という表題がありますが、これは後代の編集者による付加だと読み飛ばすべきではありません。「ソロモン」が知恵の権化であり、箴言の冒頭にも「ソロモンの箴言」という表題がついているのですから、当然のことながら、「ソロモンの雅歌」もソロモンの権威において記述されている知恵文学だと見るべきではないでしょうか。今日、雅歌を知恵文学に帰属すると考える学者はほんのわずかです。雅歌には「知恵」（ホクマー）という語が一度も出て来ないからです。神の名も一度も出て来ません。そこで、雅歌は単なる恋愛文学と見なされるわけです。けれども、それは短絡的です。雅歌は知恵文学であり、イスラエルの知恵に固有な思考によって記述されていると考えるべきではないでしょうか。このことについてもう少し、説明をしておきたいと思います。注目したいのは士師記14章にあるサムソンの物語です。ここに、イスラエルの知恵的謎解きの興味深い実例があります。雅歌の「謎解き」を理解する上で、参考になる記述ですので、紹介いたします。士師記は知恵文学ではありませんが、イスラエルの知恵的伝承が顔をのぞかせます。雅歌解釈の前にもう少しお付き合いください。

士師記14章の物語は、サムソンが妻を迎える宴会で「謎」をかけ、サムソン自身が愛する女にそのかされて、とうとうその謎かけの答えを明かしてしまう逸話です。ここに典型的な「謎かけ」と「謎解き」があります。

食べる者から食べ物が出た。強い者から甘い物が出た。（14節）

蜜より甘いものは何か。ライオンより強いものは何か。（18節）

この物語には、怪力サムソンが宴会に出かける途中、自らが素手で引き裂いた若いライオン（アリー）の死骸に蜜蜂が巣を作っていたため、サムソンはその蜜をなめたという経緯が記されています。サムソンは婚宴を催し、客人たちに言いました。「あなたたちに謎（ヒーダー）をかけたい。」客人たちは次のように答えます。「謎をかけてもらおう。聞こうではないか。」そこで、サムソンは14節にある「謎かけ」をしたのです。これについて、鍵となるのはおそらくアリー「ライオン」というヘブライ語です。アリーという語はウガリト語では「蜜」を意味し、アラビア語起源を有すると言われます。物語の著者はこの語の両義性を知っており、これにひっかけて「食べる者（＝ライオン）から食べ物（＝蜜）が出た。強いものから甘いものが出た」という謎かけをしたのです。言語的知性に訴える知恵のなぞなぞです。客人たちは七日目になっても謎が解けないため、女を脅します。サムソンは女に泣きつかれて、万事休す。この謎かけは、ついに18節で「蜜より甘いものは何か。ライオンより強いものは何か」によって解かれてしまいました。この物語では、サムソンの直接体験から謎解きができるように面白く書かれています。けれども、先ほど紹介した箴言の謎かけでデレク「道」がそうであったように、アリーという暗号的言語の両義性が謎解きを促しているのです。ここでのサムソンの「なぞなぞ」はイスラエルの伝統的な知恵の逸話です。箴言1章6節で、知恵の本質としてのヒーダー「謎」の実例がここに見出されます。

このサムソンの逸話にはもう一つ興味深いことがあります。それは、士師記14章でこの逸話が婚宴の文脈にあるということです。サムソンはティムナの女を花嫁に迎えるために「婚宴」に出向く途中、「ぶどう畑」で「ライオン」にまつわる「謎解き」の出来事に遭遇するのです。しかも、サムソンは愛するティムナの女にすっかり心を奪われ、この女に謎解きをしつこく迫られて、とうとう彼女に屈し、自ら謎を解いてしまいます。サムソンがぶどう園と婚宴という場において、愛する娘との愛に酔いしれる中で、知恵の謎かけと謎解きが行われるのです。これは実に示唆的です。

そこで、雅歌5章1節に注目します。

私の妹、花嫁よ
自分の園に私は来ました。
私は私の没薬と香料を集め
蜜の滴る私の蜂の巣を食べ
私のぶどう酒とミルクを飲みました。
友人たちよ、食べなさい。
恋人たちよ、飲んで酔いなさい。

この雅歌の一節は、花婿（若者）が愛する花嫁（恋人）に語り掛ける愛の言葉です。「自分の園」はぶどう園をほのめかします。甘い「蜜の滴る蜂の巣」を食べ、酔いしれる男女のロマンティシズムが表現されています。このような場面は雅歌において終始一貫していきます。さらに注目すべきことに、ここで「私は私の没薬と香料を集め」という表現のヘブライ語動詞「私は集め」（アーリーティ）は、ヘブライ語のアリー「ライオン」を含む字体で記されています。これは偶然ではなく、意図的な言語的技巧と言わざるを得ません。考えてみると、この雅歌の一節は、その情景において、士師記14章のサムソンの逸話とそっくりではないでしょうか。ちなみに、悪さをする動物としてジャッカル（狐）が登場するのは旧約では雅歌（2：15）とサムソン物語（15：4）だけです。雅歌の著者はサムソン物語を知り、この物語を巧みに利用して表現していると考えざるを得ません。おそらく雅歌の著者は、サムソン物語に引き寄せて愛の歌を表現しているのです。雅歌はイスラエル知恵文学の伝統を継承し、謎解きの文書として書かれているのではないか。これが私の仮説なのです。もし、そうであれば、雅歌はどのように読み取れるでしょうか。その謎解きをさらに進めてゆきたいと思います。

3　「雅歌」は知恵文学である

雅歌が「謎解き」の書だということを述べました。恋愛歌集である雅歌を旧約聖書においてどう位置付けるかで誰もが苦労します。組織神学者カール・バルトもそうです。彼は雅歌を創世記の創造論と対極にある終末論において、雅歌を読み直すという試みをしました。また、フィリス・トリブルは創造物語との接続において雅歌の意味を説明しようとしました。雅歌を旧約聖書の中に位置づけるためにさまざまな試みがされますが、雅歌が「ソロモンの雅歌」と呼ばれる以上、知恵文学の伝統の中で説明できると私は考えます。雅歌はいわば謎解きを求める壮大な「譬え話」として書かれているのではないでしょうか。この理解の仕方が、教会に雅歌を取り戻すための手がかりになると思うのです。次講では、知恵文学の伝統とは何かについて考察します。

第10講　知恵文学としての「雅歌」

雅歌が知恵文学だということについて、もう少し、説明をしましょう。雅歌には「ソロモンの雅歌」という表題がついています。ソロモンは旧約聖書では知恵の権化です。どうしてソロモンが知恵の権化と呼ばれるかですが、列王記上3章にソロモンの知恵のエピソードが書き記されていますから、皆さんもご存じでしょう。ソロモンは王として国を治めるにあたり、どんなことも聞き分ける知恵を神に求めました。その祈りに神は答え、「知恵に満ちた賢明な心」をソロモンに与えました（列王記上3：13「私はまた、あなたが求めなかったもの、富も栄誉も与えよう。生涯にわたり、王の中であなたに並び立つような者は一人もいない。」）。ソロモンの知恵は、二人の遊女のうちどちらが赤ん坊の実母かの裁定という問題に賢明な「大岡裁き」をしたことで知られます。ソロモンの見事な裁きを聞いて、「イスラエルの人々は皆、神を畏れ敬うようになった」と記されています（同3：29）。さらにまた、ソロモンの知恵のうわさは世界中に知れ渡り、「東方のどの人の知恵にも、エジプトのいかなる知恵にもまさった」と称賛されています（同5：10）。ちなみに、列王記上5章12節に「ソロモンは三千の箴言を語り、その歌は千と五を数えた」と書かれていますが、この三千の箴言を現在の「箴言」、千と五の歌を「雅歌」や「コヘレト言葉」と同定することは、残念ながら今日の聖書学ではできません。

旧約聖書ではソロモンの名前は知恵を象徴します。モーセが律法を、エリヤが預言者を、ダビデが詩編を象徴するように、ソロモンは知恵を象徴する人物です。そのソロモンの名が冠せられ「ソロモンの雅歌」と呼ばれるのに、どうして雅歌は知恵文学から除外されるのでしょうか。それは、雅歌が内容的には牧歌的な恋愛歌集であり、そこにソロモンがしばしば登場するとはいえ（1：5、3：7、9、11、8：11、12）、知恵文学のジャンルに属するとは説明しがたいからです。なにしろヘブライ語のホクマー（知恵）という典型的な知恵的用語は雅歌に一度も出て来ないのです。そう考えると、雅歌を知恵文学として説明するには慎重にならざるを得なくなります。そこで、雅歌は知恵文学ではなく詩文学というジャンルで捉えられ、詩編や哀歌、ヨブ記（物語部分を除く）などと一緒に扱われるのです。しかし、雅歌が知恵文学に繋がる点を見逃してはなりません。

1　「雅歌」と「箴言」の知恵

一般的に雅歌は知恵文学とは区別されるわけですが、典型的な知恵文学である箴言と比べてみると、どうでしょうか。そこで注目したいのは、箴言7章です。

「私には献げるべき会食のいけにえがあり
今日、誓いを果たしました。
それで、お声がけに来たのです。
あなたのお顔を探し求めて、やっと会えました。
長椅子を上掛けで覆いました
エジプトの亜麻布で織った上掛けで。
寝台には没薬の香りをまきました

沈香やシナモンも。
さあ、朝まで悦楽に浸り
愛を楽しみましょう。
夫は家にいません
遠い道のりを旅しています。
手に銀の袋を持って。
家に帰るのは満月の日です」と。（7：14—20）

ちょっと心がざわつく場面です。箴言7章は「わが子よ」と呼びかける父の諭しとして記されていますが、この場面は、遊女のような危うい女性に対する警告です。仕事で旅に出た夫が留守の間に、この女性は別の男性を家に招き、誘惑するのです。こういう不倫が愚かな行為として戒められます。この危うい女性を記述する際、箴言の言語表現はセクシュアルで非常にエロティックです。寝床に香るかぐわしいミルラやシナモンなど、ここで用いられる詩的な感覚的表現は雅歌の世界とよく似ています。箴言はエロティックな詩的表現を用いることを少しも厭わず、教訓を語るのです。もちろん、ここではネガティブな文脈ではありますが、知恵文学である箴言は雅歌のようなエロティックな表現を用いることが重要です。

引用した箴言の教訓は、遊女のような危うい女性に気を付けよという警告です。それは、一見、処世術としての警告ですが、明らかに十戒の第7戒と関係しています。「姦淫してはならない」です（出エジプト記21：14）。これについて箴言2章には、こういう教訓があります。

また、よその女、滑らかに話す異国の女からも
あなたは救い出される。
若い日の友を捨て
自分の神との契約を忘れた女から。（2：26―17）

ここでは、「神との契約を忘れる」ことは致命的だと言われています。箴言にはイスラ

ル独自の宗教的な世界観があるのです。つまり、エロティックな箴言の教訓は単なる処世術ではなく、極めてイスラエル的な教えを含んでいるということです。この教訓を記す知者は、祭儀共同体で生きる限りにおいて、エロティックな教訓を宗教的に読み取ることをも期待しています。それは、ヤハウェとの契約を婚姻関係と置き換える宗教的な読み取りです。字義通りには倫理的教訓（おそらく捕囚後）なのですが、ヤハウェのみを主とするという象徴的な教訓として表現されていると考えられます。その限りにおいて、この引用に出て来る「夫」はヤハウェを象徴していると解釈してよいでしょう。箴言の冒頭には「知恵」の定義がありましたが、知恵は「格言」（マーシャール）だけでなく、「風刺」（メリツァー）や「惑わす言葉」（ヒードーターム）を見極めることを意味します。「風刺」は「比喩」や「譬え」や「象徴」を指し、「惑わす言葉」は「謎解き」を指しています。いや、むしろマーシャールという概念自体がすべてを網羅しているとも言えます（宮本久雄）。このような知恵の表現技巧を用いて、この教訓は比喩／象徴として読み解かれるように促しているのです。これが知恵文学の技法であって、雅歌もそれとリンクしていると考えられます。

2　擬人化という技法

箴言について、もう少し考察を加えます。箴言には知恵の擬人化という技法があります。

知恵は巷に呼ばわり、
広場に声を上げる。
雑踏の街角で呼びかけ
城門の脇の通路で語りかける。（1：20−21）

知恵をふところに抱け
彼女はあなたを高めてくれる。
分別を抱きしめよ
彼女はあなたに名誉を与えてくれる。
あなたの頭に優雅な冠を戴かせ

栄冠となってあなたを飾る。（4：8—9）

興味深いことですが、ここに出て来る「知恵」は擬人化されています。「知恵」ホクマーはヘブライ語の女性名詞です。その「知恵」が女性として人格化して表現されています。しかも、それを「ふところに抱け」というようにエロティックな表現で記します。ここでは、「知恵」は魅力にあふれた女性であり、また恋人です。この知恵の擬人化は箴言において特徴的に見られるものです。しかし、考えてみると、この「擬人化」という概念は「象徴」や「比喩」と言い換えることもできます。知恵＝女性あるいは恋人、という関係が成り立つのです。つまり、「知恵」は愛すべきパートナーだということです。このような比喩／象徴という文学的技巧は知恵文学に固有なもので、箴言の「危うい女性」の場合と同じ技巧です。しかも、恋人同士のエロス的情愛をリアルに語るという仕方で表現されています。それはまた、明らかに婚姻関係とも呼応しています。要するに、このように「知恵を愛する対象にしなさい」「遊女のような女性に誘惑されてはいけない」という箴言の教訓には、イスラエルの契約理念が前提となっているのです。契約理念は、神とイスラエルとの婚姻関係に象徴されます。極めて宗教的な事柄が知恵文学の根底にあるのだということです。もし雅歌が知恵文学だとすれば、知恵文学である限り、そういう「比喩的」な読み取りが内蔵されていると考えることが自然ではないでしょうか。

3 「雅歌」と知恵文学

ここで、少々横道に逸れますが、雅歌と「コヘレトの言葉」との関係について考えてみたいと思います。コヘレトの言葉も典型的な知恵文学です。注目したいのは、7章です。

これらすべてを知恵によって吟味し、
私は「知恵ある者になろう」と口にした。
だが、遠く及ばなかった。
存在するものは遠く、
深く、さらに深い。（23―24節）

誰がそれを見いだせるのか。

心を転じて

私は知恵と道理を知り、見いだし、

突き止めようとした。

そして、悪は愚行、愚かさは無知であると知った。

私は見いだした、女は死よりも苦いと。

女は罠、その心は網、その手は枷。

御心に適う人は彼女から逃げ出すことができるが、

罪人はこれに捕らえられる

「見よ、これこそ私が見いだした」

とコヘレトは言う。

一つ一つ積み重ねて見いだした結論。

私の魂はなおも探し求めたが

見いださなかった。

千人の中に一人の男を見いだしたが
これらすべての中に一人の女も見いださなかった。
ただし、見よ、これを私は見いだした。
神は人間をまっすぐに造ったのに、
人間はさまざまな策略を練ろうとするのだ。（7：23―29）

これは内容がとても分かりづらいのですが、「女」を揶揄《やゆ》する知恵の教訓めいた言述です。「罠」「網」「枷」「千人」「策略」などの戦争用語を巧みに用いて、コヘレトは「男は皆、女から逃れられないように、戦争から逃れられない」という謎なぞを仕掛けているようです。おそらくコヘレトは、これによって黙示批判を企てていると私は見るのですが、それについてここでは深入りしないでおきます。興味深いのは、ここで「突き止め」「探し求め」「練る」というヘブライ語バーカシュが3回、「見つける」というヘブライ語マツァーが8回も繰り返されることです。「探し求める」けれども、「見つける」「見つけない」「見つけた」と、まるで言葉の追いかけっこをしているのです。これとよく似た現象が雅歌3章に見られます。

夜ごとに寝床で
私の魂の愛する人を探しました。
あの方を探しましたが、見つかりません。
「さあ起き出して
町を、通りや広場を巡りましょう。
私の魂の愛する人を探しましょう。」
私はあの方を探しましたが
見つかりません。
町を巡る夜警たちが私を見つけました。
「私の魂の愛する人を
あなたがたは見かけましたか。」
彼らに別れを告げるとすぐ

私の魂の愛する人は見つかりました。
この方を抱きしめました。もう離しません。
私の母の家に
私を身ごもった人の部屋にお連れします。（3：1―4）

字義通りに読むと、女性が恋人を慕い、通りに出て探しても「見つからない」。途中で運悪く夜警に「見つかり」、そしてついに恋人を「見つけた」、という筋書きの追いかけっこです。ヘブライ語のバーカシュとマツァーが使われ、コヘレトとそっくりです。「見つける」を効果的に繰り返すことで、恋の行方をサスペンス風に表現していると言えます。おそらく、この「探して」「見つける」という言葉遊びは箴言の格言が起源になっていると思われます。

私を愛する人を私も愛し
私を探し求める人を私も見いだす。（8：17）

女性に擬人化された知恵（私）を求めるという知恵的格言を、雅歌は恋人を探し求めるラブロマンスとして表現し直しているようです。このような雅歌の表現技巧を用いて、おそらくコヘレトは知恵的な「謎解き」をしているというのが私の解釈です。黙示思想は言葉の解釈によって啓示を引き出すのに対して、コヘレトはそのような解釈を揶揄しています。とにかく、コヘレトは雅歌を知恵文学として読み、利用しているのです。雅歌という書が「ソロモンの雅歌」という表題から始まるとおり、箴言やコヘレトと似ている知恵文学だということがお分かりいただけるでしょうか。雅歌を知恵文学と見る理由は十分にあるのです。

第11講　「雅歌」を謎解きする

雅歌の解釈をめぐる論考も終わりに近づきました。雅歌は知恵文学であるという私のテーゼによって雅歌を読み解く試みを、今回は具体的なテキストでやってみます。その前に、雅歌の文学的テキストと響き合う旧約の箇所に目を向けたいと思います。前回は士師記14章にそれを見出しましたが、今回はまずホセア書です。

1　「ホセア書」と「雅歌」との類似性

ホセア書にはロマンチックな比喩的預言があります。

「それゆえ、私は彼女をいざない
荒れ野に導いて、彼女に優しく語りかける。
私はそこで、ぶどう畑を彼女に与え
アコルの谷を希望の門として与えよう。
彼女はそこで、おとめであった日々のように
またエジプトの地から上って来た時のように
私に答える。」（ホセア書2：16―17）

「私はあなたと、とこしえの契りを結ぼう。
私は正義と公正、慈しみと憐れみをもって
あなたと契りを結ぶ。
やがて、あなたは主を知るようになる。」（ホセア書2：21―22）

「荒れ野のぶどうの房のように

私はイスラエルを見つけた。
初なりのいちじくのように
私はあなたがたの先祖を見いだした。」（ホセア書9：10ａ）

「私はイスラエルにとって露のようになる。
彼は百合のように花を咲かせ
レバノン杉のようにその根を下ろす。
その若枝は茂り、麗しさはオリーブの木のように
かぐわしさはレバノン杉のようになる。」（ホセア書14：6―7）

これらのホセア預言を読んで、皆さんはどう感じるでしょうか。これらの預言の言葉は、恋人同士が愛をささやく楽園のイメージであり、雅歌の情景と極めてよく似ています。たとえば、ここに出て来る「荒れ野」（ミドバール）、「ぶどう／ぶどう畑」（ケレム／アナービーム）、「ゆり」（ショーシャン／ショーシャナー）、「レバノン杉」（レバーノーン）、「いちじく」（テ

エーナー）も雅歌には頻出します。その用例箇所を示しますと、

- 荒れ野：雅歌3章6節、8章5節
- ぶどう（畑）：雅歌1章6節、1章14節、2章13節、2章15節、7章13節、8章11節、8章12節
- ゆり：雅歌2章1節、2章2節、2章16節、4章5節、5章13節、6章3節、7章3節
- レバノン（杉）：雅歌3章9節、4章8節、4章11節、4章15節、5章15節、7章5節
- いちじく：雅歌2章13節
- ぶどう菓子：雅歌2章5節

以上のように、ホセア書の特徴的語彙は雅歌の楽園的言語表現と一致します。少々説明しておきますが、このホセア書では、出エジプト後の初期イスラエルの歴史が回顧されます。イスラエルはヤハウェに導かれて荒れ野を旅し、シナイ山で契約を結びました。その契約関係が破綻している現在の北王国の宗教事情が批判されます。このホセア書において

重要なのは、引用からもわかるように、婚姻の比喩です。ヤハウェとイスラエルの契約関係は、常に婚姻の比喩で表現されるのです。ヤハウェがイスラエルに愛を語り、愛情を表現するのは、両者の間に「とこしえの契り」である契約が結ばれていることを暗示しています。しかも、ホセア書2章では私／預言者がその妻と愛し合う姿を、かつてイスラエルがエジプトを脱出し、荒れ野で神との契約を結んだ初期の時代に投影し、それを理想化しています。そこでは、「荒れ野」は愛の始まりの場所です。「私は彼女をいざない、荒れ野に導いて、彼女に優しく語りかける」（2：16）とは、イスラエルに対するヤハウェ（私）の強烈なラブコールです。ホセア書ではヤハウェとイスラエルの契約関係が、愛し合う男女の恋愛関係において表現されるのです。

このようなホセア書の比喩表現は、イスラエルの契約という基盤がなければ理解することはできません。ホセア書では、愛し合う関係の描写がシニフィアン（指示するもの）であり、神と民との契約関係がシニフィエ（指示されたもの）です。ホセア書では、イスラエル（妻）が夫（ヤハウェ）ではなく愛人（バアル）の後を追う不実が厳しく告発されるのです。しかし、イスラエルに向かってヤハウェとの契約関係に立ち戻るよう促されていることは、ホセアの預言から明らかに読み取れます。いや、それは、ホセア書のみならず、エレミヤ書など他の預言書にもよく見られるものです。

このホセア書のコンテキスト（文脈）が雅歌のコンテキストにも当てはまると説明することは、これまでの議論からすれば、妥当だと言えるのではないでしょうか。雅歌において、「若者とおとめ」を「神とイスラエル」に置き換えるのは後代のユダヤ教の宗教的解釈であって、誤った読み込みになるでしょうか。決してそうではありません。前回、種蒔きの譬え話を例に挙げました。譬えが「謎かけ」で、その解釈が「謎解き」であったように、雅歌のテキストにおいてもすでに謎かけと謎解きとは解きがたく結びついていると考えられます。

2　「雅歌」のテキストを謎解きする

雅歌を知恵文学として読むときに、謎解きが可能となります。そこで、雅歌の中で最も解釈が難しいとされている6章12節から7章1節を解釈してみようと思います。

知らぬ間に、私の魂が
私をアミナディブの車に乗せていました。（12節）
戻れ、戻れ、シュラムの女よ。
戻れ、戻れ
　私たちはあなたの姿が見たいのです。
あなたがたはなぜシュラムの女を見たいのですか。
マハナイムの舞いを見るように。（1節）

これは、謎めいていて説明しがたいテキストです。雅歌がもともと古代オリエントの恋愛歌だとすれば、由来が分からない詩の引用で、「その伝承の由来は今日では不明」と説明すればよいわけですが、果たしてそれで済ませてよいでしょうか。しかし、雅歌を知恵文学として読むならば、その限りにおいて、謎解きが可能になります。
雅歌には旧約において一度限りの語（Hapax Legomenon）が極めて多いことが知られています。「アミナディブ」という名もそうで、ここにしか出て来ません。ですから、「アミナディブの車に乗せられた」が何を意味するかは不明です。さらに、「シュラム（の女）」も旧約ではここにしかありません。「戻れ、戻れ」という命令形の繰り返しも意味不明です。いったいここで何が言われているのかさっぱりわかりません。そのためテキストの様々な読み替えが提案されるのですが、それらが解決を与えてくれるとは思われません。解釈が難しい箇所です。これについてヒントを与えてくれるのは、前にも触れたラコックです。ラコックは旧約テクストの中に、これらの語彙と響き合う箇所を提示して説明を試みます。それが謎解きのヒントになります。ラコックがコンテキスト（文脈）として類似性を指摘するのは、サムエル記上7章1節とサムエル記下6章3節以下です。

キルヤト・エアリムの人々はやって来て、主の箱を運び上げ、丘の上のアビナダブの家に入れた。（サムエル記上7：1）

彼らは丘の上のアビナダブの家から神の箱を新しい車に乗せ、運び出した。（サムエル記下6：3）

これは、アビナダブの家から主の箱（契約の箱）を車に乗せてエルサレムに運び出すという記述です。雅歌では、「アミナディブ」において「アビナダブ」との音韻上の近似性が意図されます。アミ・ナディブと記述されると、意味は「高貴な民」です。それはまた、続く雅歌7章2節の「ナディブの娘」（バト・ナディブ＝高貴な娘）に呼応しています。一方、サムエル記の文脈では、ペリシテ人によって一度奪われた主の箱（契約の箱）が、ようやくアビナダブの家から車に乗せられてエルサレムに運び出されます。これは、まさしく主の箱が「神の民」イスラエルのもとに「戻る」（帰る）ということではないでしょうか。このような文脈を雅歌のテキストはほのめかす記述をしているのです。というのも、雅歌では「私」が「アミナディブ」の「車」（マルケボート）に載せられ、「戻れ、戻れ」（シュビー、シュビー）と呼びかけられているからです。「戻れ、戻れ」（新共同訳「もう一度、出ておいで」）はヘブライ語では、命令形女性単数！です。

もう少し説明を続けますが、お付き合いください。問題は、「シュラムの女」です。このコンテキストは、列王記上1章から説明できます。美しい娘であるシュネム生まれのアビシャグがダビデ王の懐を暖めるために仕える話です。そして、続く列王記上2章22節では、ソロモンはこの「シュネムの女」アビシャグをアドニヤには絶対に譲らないと宣言しています。「ソロモン」は「シュネムの女」を奪われたくないのです。雅歌の「シュラム」という語は「ソロモン」と同様に語根はシャラムです。つまり、「シュラムの女」とは、いわばソロモンのものとなった女性という隠れた意味を示します。雅歌は「シュネムの女」ではなく「シュラムの女」と表現することにおいて、「シュネムの女」との近似性をほのめかしつつ、字義通りには、ソロモンと愛を結ぶロマンスの物語を記述しているのではないでしょうか。

このテキストにはもう一つの隠れた意味があります。それは、主の箱（契約の箱）が車に乗せられ、アビナダブの家からエルサレムに帰還したことです（サムエル記下6：3以下）。それを雅歌の文脈に移すならば、いわば神の民が「高貴な民」アミナディブとして車に乗せられ、主のもとへと、すなわちエルサレム、シオンに「戻る」ということです。これはヤハウェとイスラエルの契約の日（＝婚宴）に立ち帰るという比喩、つまり、ヤハウェのイスラエルに対する祝宴の日への招きだと説明できるのではないでしょうか。そういう謎解きが可能になります。それゆえに、「戻れ、戻れ」（シュビー、シュビー）という呼びかけは、イスラエルに対する主の強烈なラブコールとして読み取れるのです。

ちなみに、このような解釈から、ラコックは、雅歌はアンチ・ソロモンという思想を表明するパロディーだと説明します。雅歌のラディカリズムはユダヤ教正統主義に対する反抗という意味を持つと言うのです。しかし、そういう意図まで深読みする必要はないと私は見ます。とにかく、しばしばアポリアと言われ、誰もが首をかしげるこの雅歌のテキストも、旧約聖書のコンテキストを背景としたインターテクスチュアリティーにおいて十分に読み取りが可能になるのです。これは偶然ではなく、雅歌の著者が意図した戦略だと考えざるを得ません。

皆さんに納得していただけるでしょうか。そもそも雅歌の表題は「ソロモンの雅歌」です。今まで、このことが見逃されて来ました。知恵文学である限り、雅歌は謎解きが可能な書であり、それ自体として謎解きが求められているのです。このような読み方を時代遅れの、恣意的主観的な解釈だと退けることはできません。雅歌は、知恵文学という前提において、箴言冒頭にある知恵の本質からまさしく「謎解き」の書として読み取れるのであり、そのように読み取るのが正当な解釈だと思われます。

3　終わりに

雅歌は知恵文学です。知恵の本質から雅歌を読み取ることが可能になります。十分ではありませんが、このことを説明してきました。雅歌が知恵文学である限り、字義通りの読み方を超えた読み取りは正当なのです。多くの学術的注解書がしているような、字義通りの文学的読み方にこだわる解釈だけが旧約聖書の本来的解釈ではありません。知恵文学の解釈学的ベクトルの延長線上に、キリスト教的な寓意的な解釈があります。それは決して排除されるべき非聖書学的解釈ではありません。ただし、旧約聖書という文脈で雅歌を理解することがまず重要です。雅歌から直接にキリストを読み取る終末論的解釈はできません。むしろ、雅歌は神とイスラエルの契約を情熱的に描く旧約知恵文学であるという結論が提示されるべきです。そこにおいて、新約聖書がしばしば語る神の国の婚宴というリアリティーが浮かび上がってきます。新約的な再解釈という雅歌の謎解きからキリストの姿が見えてきます。教会から奪い去られた雅歌を教会の講壇に取り戻すことは可能になるのです。

第12講　「雅歌」を取り戻せ

「謎解きの知恵文学」と大胆な題をつけて、雅歌を考察してきました。十分に論じ尽くしたわけではありませんが、雅歌を旧約聖書の知恵文学として新たに読み直すという方法を皆さんに提示しました。現在の雅歌研究において、雅歌は一つの文学作品として読まれ、字義的に解釈されるだけです。そこには限界があり、問題があります。この現状を踏まえた上で、さまざまな解釈を紹介しながら、雅歌をどう読むのが妥当かを考えました。

過去2000年以上にわたり、雅歌についていろいろな解釈がなされてきました。その延長線上に現在の雅歌解釈の特徴があるのです。残念ながら、現在は雅歌の宗教性を剥ぎ取って、雅歌を古代オリエント文学の一つとして理解するという解釈的動向となっています。身近な注解書でも、「結局、雅歌を色々な型の恋愛詩の集成とするのがより単純でより明快な見方ということになる。」わけです（フォーク、勝村訳「雅歌」『ハーパー聖書注解』561頁）。つまり、雅歌を教会の書としては読まないということです。教会の書として読むのは、過去の伝統的解釈、キリスト教の教義的解釈に従うことであって、時代錯誤とされます。その結果、教会の礼拝説教では雅歌を読むことができなくなってしまいました。

雅歌を知恵文学として読むということは、決して奇抜なアイデアではありません。雅歌の冒頭に「ソロモンの雅歌」という表題が付いているのですから、その意図に従って読むことが妥当なのです。その際、旧約の知恵文学が「謎解き」という方法を用いていることに私は注目しました。知恵文学は基本的に謎解きなのです。比喩や譬えや象徴という表現手段によって記されたものを読み解くのです。新約聖書の福音書に見られる譬え話は基本的に旧約知恵文学の伝統による謎解きです。「謎解き」というと、深遠な謎を解くことを期待しますが、駄洒落や言葉遊びをも含むのです。雅歌はそのような「謎解き」の書として書かれていて、その謎を解くことが求められています。それが表題の「ソロモンの雅歌」に示唆されていると考えられます。

謎解きの鍵となるのは、やはり旧約聖書というテキストです。旧約聖書というコンテキストから雅歌は読み解けるのです。その解釈の実例を幾つか示しました。基本的には、雅歌はヤハウェとイスラエルとの契約という事柄をさまざまな比喩的、象徴的表現において語っているのです。ヤハウェとイスラエルの契約が婚姻に喩えられることは預言書ではよく知られています。特にホセア書がそうです。言い換えると、預言書は、神とイスラエルという「垂直関係の契約」を花婿と花嫁の婚宴という「人間的水平関係の契約」として思考している、ということです。預言者においては水平的思考と垂直的思考が交差するのです。雅歌もまたそのような思考で書かれているのではないでしょうか。これまで、雅歌の比喩的解釈は後代のユダヤ教的解釈であって、そのように解釈することは時代錯誤だと否定されましたが、決してそうではないのです。もちろん、紹介したタルグムの解釈はかなりテキストから逸脱しているようです。とはいえ、そこから見えて来るヘブライ語原典解釈にはイスラエルの救済史的歴史観があって、教えられることがあります。また、キリスト教の古代・中世の寓喩的・神秘的解釈も、時代錯誤と全否定することはできません。それは、新約聖書の雅歌解釈を前提としているからです。教会で雅歌を語る場合には、新約聖書と結びつけて語られるのですから、花婿をキリスト、花嫁を教会として象徴的に解釈することまで拒否する必要はないでしょう。新約聖書を前提として雅歌を解釈することは聖書学的には読み込みではありますが、雅歌をまず旧約聖書の文脈においてきちんと説明することによって、新約聖書の婚宴の譬えを語り、花婿キリスト論を説くことはできるでしょう。

これまで、雅歌という書は宗教的文書ではなく、単なる世俗的恋愛歌集にすぎないという前提があったために、雅歌は教会の講壇から姿を消したのです。しかし、知恵文学的な考察をし、雅歌を旧約聖書のコンテキストから解釈することによって、意味を説明することができます。それが雅歌の謎解きです。それを聖書学的な議論でもって説明するのが私の仕事です。

謎解きという知恵文学の方法は、すでに述べましたように、新約聖書でもなされているのです。主イエスは譬え話をしたあと、弟子たちにそれをきちんと解き明かしました。弟子たちに、喩えに含まれる「秘義」を教えたのです。種蒔きという譬え話がその典型です。弟子たちはあらかじめ種蒔きの譬えの意味を知っていますから、譬えについて疑問を抱きませんが、種蒔きの譬えそのものは、予備知識がなければ、何の意味かさっぱり分からないはずです。要するに、説教そのものが実は聖書の謎解きをしているのです。多少横道に逸れますが、皆さんはヨハネ黙示録の「666」という数字の謎解きを知っているでしょう。

この刻印とはあの獣の名、あるいはその名の数字である。ここに知恵が必要である。賢い人は、獣の数字にどのような意味があるかを考えるがよい。数字は人間を指している。そして、数字は六百六十六である。（13：17—18）

ここで謎解きが求められているのです。新約聖書はギリシア語で書かれていますが、このヨハネ黙示録では旧約聖書の伝統とヘブライ語の知識が前提されています。と言いますのも、「666」という数字はヘブライ語で「皇帝ネロ」を指すからです。ヘブライ語のアルフェベットは数字をも意味します。アレフは1で、ベートは2です。皇帝ネロはヘブライ語でネローン・カイサルと表記するのですが、「ネローン」の四つのヘブライ文字は右から50＋200＋6＋50＝306、「カイサル」の三つのヘブライ文字は右から100＋60＋200＝360です。合計すると、306＋360＝666となります。つまり、ネローン・カイサルという名前はヘブライ文字で計算すると666を示すのです。これはゲマトリアというユダヤ教の解釈技法によるものです。ヨハネ黙示録の著者ヨハネはこれを用いて謎解きをせよ、と読者に求めたのです。ヨハネ黙示録が書かれたのは紀元90年代で、皇帝ドミティアヌスの治世でした。皇帝ネロはすでに紀元68年に没していましたが、ドミティアヌスはネロの再来と言われ、大変恐れられていました。ヨハネ黙示録は、恐ろしい第二の獣（13：15）がそのドミティアヌスを指していることを数字の謎かけで読者に示したのです。

このような謎解きは、旧約の知恵文学に由来するもので、黙示文学でよく用いられるのです。私たちの関心は、この知恵文学的な「謎解き」（ヒーダー）が雅歌でも用いられ、謎解きが求められているということです。黙示文学のように終末論的ではなく、また神秘的でもないかも知れませんが、旧約文書との関連において比喩的に、また象徴的に読み解けるように雅歌は記されているのではないでしょうか。比喩も象徴も謎解きの一種と考えることができます。雅歌はそのように解釈されるべき知恵文学の書なのです。知恵文学として雅歌を読む時に、雅歌は聖書の言葉として教会で再び説き明かされるようになるに違いないと期待します。私は教会ではばかることなく、胸を張って雅歌を語ります。

【付論1】

雅歌は知恵文学か

はじめに

「雅歌」は「コヘレトの言葉」と並んで教会の礼拝では極めて扱いにくい旧約文書の筆頭である。雅歌を礼拝説教で語り、また語ったことがある牧師はどれだけいるだろうか。おそらく皆無であるに違いない。それほど雅歌は教会では扱いにくい、いわば「異端的な」旧約文書と言ってよいかもしれない。この文書をどう読むべきかという課題に取り組もう。

1　雅歌は知恵文学に属するのか

旧約聖書において雅歌はどのように位置づけられるだろうか。たとえば、現在、緒論の教科書と言ってもよい『新版 総説 旧約聖書』(日本キリスト教団出版局、2007年)では、「諸文学」という大項目において、「知恵文学」として扱われるのはヨブ記、箴言、コヘレトの言葉、そして外典のシラ書と知恵の書である。これらはイスラエルの「知恵の伝統」に根差していると説明され、雅歌は「雅歌、ルツ記、哀歌、エステル記」という別の項目で扱われている。雅歌は知恵文学とは区別されており、「メギロート(巻物)」と呼ばれる五つの諸文書(ルツ記、雅歌、コヘレトの言葉、哀歌、エステル記)の一書として概説されるのである。ちなみに、小項目(各論)での雅歌概説においても「知恵文学」との関連は一切言及されない。このような雅歌概説について、おそらく異議を唱える人はいないだろう。現在、雅歌はいわゆる文学書として扱われ、知恵文学として扱われることはないのである。フォン・ラートの名著『イスラエルの知恵』(日本キリスト教団出版局、1988年)や、クレンショウ『知恵の招き　旧約聖書知恵文学入門』(新教出版社、1987年)でも雅歌は除外されている。例外はツェンガー編集の Einleitung in das Alte Testament(旧約聖書緒論)であるが、そこでは雅歌のみならず詩編もまた知恵文書として扱われており、雅歌は必ずしもイスラエルの知恵の伝統において概説されているというわけではない。

けれども、雅歌の表題である冒頭の「ソロモンの雅歌」は、知恵文学の特徴を誇示しているのではないだろうか。「ソロモンの」の「の」をどのように解釈するかという問題はあるが、箴言が「イスラエルの王、ダビデの子、ソロモンの箴言」という表題であるように、またコヘレトの言葉が「イスラエルの王、ダビデの子、コヘレトの言葉」という表題であるように、雅歌もイスラエルの「知恵の伝統」を継承した文書と見ることができるのではないだろうか。しかも、雅歌においてソロモンの名は表題だけではなく、本文において6回も出てくるのである（1：5、3：7、9、11：8：11、12）。ソロモンはイスラエルにおいて知恵の権化であり、その名を冠することによって、知恵の正統な伝統を継承する書であることが弁証される。雅歌の表題も、それが編集者に由来するとしても、明らかに知恵的な意図を示すものである。新共同訳も伝統的なルター訳と同様に、ヨブ記、詩編、コヘレトの言葉、雅歌という配列であり、「ソロモン」の名に意味を見ているのは確かである。

どうして雅歌は今日、知恵文学とは見なされないのだろうか。理由の一つは、いわゆるホクマー「知恵」という言葉が雅歌で用いられないということがある。ヨブ記には18回、箴言には39回、コヘレトの言葉には27回、ところが雅歌には一度も出てこない。それゆえに、いわゆる「知恵」について語る文書ではないと見られるのである。内容的にもそうで、雅歌は知者が知恵を語り教えるというような内容ではない。終始一貫して男女の愛を称賛する文書である。雅歌についてはもう一つ難問があって、頭を悩ませられる。神の名が一度も出てこないのである。これはエステル記にも当てはまるが、雅歌が神について語らず、男女の愛だけを語るという点でイスラエルの伝統から著しく逸脱していると見られるのは当然と言えようか。このような規格外の文書であるために、雅歌は字義通りには解釈されず、神とイスラエルの関係を秘儀的に表現する歌としてもっぱら寓意的に解釈されてきた。紀元1世紀に由来するユダヤ教の伝承において雅歌の正典化について議論があったことが知られるが、その時点ですでにユダヤ教においてそのような寓意的な（アレゴリカル）解釈が容認されていたらしいことがわかる。キリスト教会においては、雅歌はキリスト論的に解釈され、オリゲネスに代表されるように、キリストと教会の秘儀的関係を表現する歌としてやはり寓意的に読まれたという歴史がある（オリゲネス、小高訳『雅歌注解・講話』、創文社、1982年）。宗教改革期においてもその解釈は継承された。

しかし、18世紀の啓蒙思想によって聖書学が学問として成立し、歴史的批判的方法で解釈されるようになると、字義的な解釈が優先され、寓意的比喩的解釈は教会の「主観的」解釈として徐々に退けられた。20世紀後半以降、聖書学は雅歌の解釈について教会の伝統的・比喩的解釈にはまったく冷淡になり、字義的で文学的な解釈に徹している。聖書学は雅歌がもともとどういう文書であったかに関心がある。それによって、戯曲、婚礼歌、祭儀典礼文、恋愛歌集というような根源的文書形態を想定するのである。それには古代オリエント世界の諸文書との類似性も重要な証拠となる（S・N・クレーマー、小川・森訳『聖婚』、新地書房、1989年）。雅歌の中で「ファラオの車」（1：9）に言及することもあり、特に古代エジプト文学との類似性が指摘された。シリアの婚礼歌（19世紀）に残存するアラビア的文学技法ワスフとの関係も指摘される（ワスフはアラビア語で、花婿／花嫁の美しさを称賛する「叙述歌」を意味する。）。現在では、雅歌は、オリエント世界の文学的環境の中に生まれた抒情的恋愛歌集というイスラエルの文学的遺産として解説され、宗教的なものはほとんど剥ぎ取られて解釈される。今日、学問的な注解書もほとんどがそういう傾向である。ポストモダンの解釈として書かれた注解書もある（水野隆一「雅歌」、『新共同訳旧約聖書略解』、日本キリスト教団出版局、2001年)。雅歌は人間の愛の自由を語り、現代人に直接に訴える人間解放の書として読まれるようになった。その一方で、雅歌がすでに教会で説かれる礼拝の書でなくなったのは確かである。

われわれの関心は、雅歌をその最終形態において読むことである。しかし、本論文はあくまで歴史的批判的な聖書学の方法を用い、旧約文書として雅歌をどう解釈すべきかについて探究する。その解釈の一つの可能性として、イスラエルの知恵の伝統からの考察を試みる。雅歌は、イスラエルの知恵文学として読まれるべきではないだろうか。確かに雅歌には「神」は一度も登場せず、「知恵」という語彙も用いられないが、イスラエルの王であった「ソロモン」の名はしばしば登場し、また「エルサレムのおとめたち」あるいは「シオンのおとめたち」も何度も出て来る(1:5、2:7、3:5、10、11、5:8、16、8:4)。さらに、ダビデという名(4:4)、またエルサレムの他にレバノン、ヘルモン、ギレアド、カルメルというイスラエルの地名も登場する。雅歌は、少なくともその最終形態において、周辺オリエント世界に由来する輸入文書ではなく、イスラエル固有の伝統において記されている文書であることは否定しようがない。そこで、雅歌解釈について、旧約の知恵の本質から考えてみることにする。

2　知恵の本質としての謎解き

旧約においてそもそも知恵の本質とは何であろうか。その鍵となるのは「謎解き」である。これは、箴言における知恵の定義から説明することができる。箴言1章1―6節には、その著作目的が記される。

「イスラエルの王、ダビデの子ソロモンの箴言。これは知恵と諭しを知り／分別ある言葉を見極めるため。見識ある諭しと／正義と公正と公平を受け入れるため。思慮なき者に熟慮を／若者に知識と慎みを与えるため。知恵ある人は聞いて判断力を増し／分別ある人は導きを得る。箴言と風刺を／知恵ある言葉と惑わす言葉を見極めるため。」

箴言では知者の果たすべき使命として、1章6節で4つのことに言及する。「格言」（マーシャール）、「寓話」（メリツァー）、「賢人らの言葉」（ディブレー・ハカーミーム）、「謎」（ヒードータム）が挙げられ、それらを理解することが肝要であると説明される。ヘブライ語で「格言」「寓話」「賢人らの言葉」「謎」はそれぞれ別の概念ではない。「格言」と訳されるのがマーシャールだが、ヘブライ語マーシャールの語根マーシャルには「似ている」「比較する」という類比的な性質が含まれており、このマーシャールという概念自体に「格言」「寓話」「賢人らの言葉」「謎」がすべて含まれると考えてよい。したがって、箴言（メシャリーム＝マーシャールの複数形）という文書は、隠された意味内容を有する暗示的な格言集だということである。たとえば、30章18、19節に目を向けよう。

「私にとって、驚くべきことが三つ／いや四つのことに納得できない。天にある鷲の道／岩の上の蛇の道／海の中の船の道／そしておとめと共にいる男の道。」

この格言はなぞなぞである。デレク「道」という言葉がなぞなぞの仕掛けになっている。デレクは字義通りには「道」であって、天にある鷲の道、岩の上の蛇の道、海の中の船の道は、それぞれ追跡不可能な驚くべき「道」である。けれども、デレクには比喩的には「態度」や「支配」という意味もある。四番目の「おとめと共にいる男の道」の「道」は「歩行経路」だけではなく、「(結婚への)態度」や「(おとめの)占領」をも示すのであって、そこに驚くべきこと、すなわち男女の愛は謎めいていてとうてい知りえない、というなぞなぞの「落ち」がある。知者は愛の秘義性に関心がある。この30章18、19節では、デレク「道」がいわば暗号的言語であって、知者である箴言の著者は同時的解釈の仕掛けをこの四つの例を並べて解いて見せるのである。箴言冒頭で、知者が「寓話」メリッァーや「謎」ヒードータームを理解するということは、こういうことである。これを単なる言葉遊びや駄洒落にすぎないと過小評価することはできない。このような暗号的言語を用いたなぞなぞは箴言のいたるところに頻出するのである。要するに、箴言を典型とする知恵文学は字義通りの読みのほかに、二義的・多義的な意味を含んだ文学形態だということである。知恵文学には字義通りの読みと解釈の機能が内蔵されている。

これについて、興味深いのはコヘレトの言葉7章の謎かけである。これについて、詳細は拙論に譲るが、再び検討してみよう。

[23]これらすべてを知恵によって吟味し／私は「知恵ある者になろう」と口にした。／だが、遠く及ばなかった。[24]存在するものは遠く／深く、さらに深い。／誰がそれを見いだせるのか。[25]心を転じて／私は知恵と道理を知り、見いだし／突き止めようとした。／そして、悪は愚行、愚かさは無知であると知った。[26]私は見いだした、女は死よりも苦いと。／女は罠、その心は網、その手は枷。／御心に適う人は彼女から逃げ出すことができるが／罪人はこれに捕らえられる。[27]「見よ、これこそ私が見いだした」／とコヘレトは言う。／一つ一つ積み重ねて見いだした結論。[28]私の魂はなおも探し求めたが／見いださなかった。／千人の中に一人の男を見いだしたが／これらすべての中に一人の女も見いださなかった。[29]ただし、見よ、これを私は見いだした。／神は人間をまっすぐに造ったのに／人間はさまざまな策略を練ろうとするのだ。

この謎めいたテキストは字義通りには、「女」を揶揄する言述である。「苦い女」（娼婦？）の虜になる男にとって、その女はまるで死に至らせる罠、網、枷のような存在だという知恵の教訓めいた言葉と読み取れる。しかし、これは巧妙ななぞなぞなのである。言語の二重性両義性という点から読み解くと、「罠」（メッツォーディーム）、「網」（ハラーミーム）、「枷」（アスーリーム）、「結論」（ヘシュボーン）、「考え方」（ヒシュボーノート）、「千人」（エレフ）はすべて戦争用語であって、「女」は戦争を示唆し、しかも男は皆「逃れられないもの」に捕えられているという現実が表現されている。これは、私見では雅歌を下敷きにしている（例：雅歌4：4、6：4、10）。「千人」エレフは戦争の「部隊」を意味するから、その中に女は一人もいるはずがない。コヘレトはそういうふざけた謎かけをして、女（＝戦争）から逃れられる者は一人もいない、という謎解きを引き出そうとしているのである。それは、8章8節で「戦いからの免除はなく」からも確認できる。要するに、コヘレトは女性の愛をめぐる字義通りの言述から、言語の両義性という手段によって、メタフォリカルな意味の読み取りをけしかける「なぞなぞ」をやっているのである。これがコヘレトの知恵の戦略である。

　このコヘレトの知恵の叙述にもう一つの興味深いレトリックが見られる。それは「突き止める（探し求める、追求する、尋ね求める）」（25、28節）に対応して、「わたしは見つける」

マーツァーティを繰り返す言葉遊びである。「見つける」マーツァーは7回用いられる。特に27節以下は、まるで追いかけっこのように、「私は見いだした」「見いださなかった」「見いだした」「見いださなかった」「見いだした」とマーツァーティが5回効果的に用いられている。女性の愛をめぐる教訓としての字義的言述において、女を「見いだすこと」と知恵を「見いだすこと」をかける巧みなレトリックである。これとよく似た箇所が雅歌3章に見られる。

[1]夜ごとに寝床で／私の魂の愛する人を探しました。／あの方を探しましたが、見つかりません。[2]「さあ起き出して／町を、通りや広場を巡りましょう。／私の魂の愛する人を探しましょう。」／私はあの方を探しましたが／見つかりません。[3]町を巡る夜警たちが私を見つけました。／「私の魂の愛する人を／あなたがたは見かけましたか。」[4]彼らに別れを告げるとすぐ／私の魂の愛する人は見つかりました。／この方を抱き締めました。もう離しません。／私の母の家に／私を身ごもった人の部屋にお連れします。

字義通りに読むと、女性が恋人を慕い「探しました」「見つかりません」、「探しました」「見つかりません」と繰り返し、途中で運悪くも彼女は夜警が「見つけました」、そして、ついに恋人を「見つける」という筋書きの追いかけっこである。「わたしは求める」（バーカシュティー）と「わたしは見つける」マーツァーティを効果的に繰り返すことにより、恋の行方をサスペンス風に表現する技巧である。先のコヘレトとそっくりであることに気づかされる。おそらく雅歌の恋の行方のサスペンスをコヘレトが知っていて、それを利用して奇妙な謎かけをしているのである。コヘレトの知恵の伝承はまさしく雅歌に由来するのだ。雅歌が周辺オリエント文学に由来する単なる恋愛歌集であって、そこにイスラエル固有の伝統はないと判断するのは早計ではないだろうか（ホセア書2：9「彼女は愛人たちの後を追っても追いつけず／捜し求めても見いだせない。」の由来している可能性）。

3　謎解きの書としての雅歌

知恵の本質として「なぞなぞ」があることを箴言1章の知恵の定義から説明したが、この種の謎かけ・謎解きは士師記14章のサムソン物語にも実例がある。サムソンが宴会で「謎」をかけ、サムソン自身が愛する花嫁にそそのかされて、とうとうその謎を明かしてしまうという逸話である。ここに典型的な「なぞなぞ」がある。

「食べる者から食べ物が出た。強い者から甘い物が出た。」(14節)
「蜜より甘いものは何か。ライオンより強いものは何か。」(18節)

この物語では、サムソンが宴会に出かける途中、自らが素手で引き裂いた若いライオン(獅子、アリー)の死骸に蜜蜂が巣を作っていたため、サムソンがその蜜をなめたという経緯が重要となる。そこでサムソンは「謎かけ」をしたのだ。これについて鍵となるのはアリー「ライオン(獅子)」というヘブライ語である。アリーという語はウガリット語では「蜂蜜」を意味し、アラビア語起源を有すると言われる。著者はこのアリーという言葉の意味の両義性を知っており、14節ではこれにひっかけて「食べる者から食べ物が出た。／

強い者から甘い物が出た」という謎かけをしているようである。言語的知性に訴える知恵のなぞなぞである。この謎かけは18節で「蜜より甘いものは何か。ライオンより強いものは何。」によって見事に解かれてしまった。サムソンの直接体験から謎解きがされるのではなく、アリーという語の両義性によって謎解きがされるのある。箴言1章6節における知恵の本質としての「謎」ヒーダーの実例がここに見出される。コヘレトも7章で同じことをやったのである。つまり、サムソンの「なぞなぞ」はイスラエルの伝統的な知恵の逸話だと言わなければならない。

しかし、このサムソンの逸話にはさらに興味深いことがある。それは、士師記14章でこの逸話が婚宴の文脈にあるということである。サムソンはティムナの女を妻に迎えるために「婚宴」に出向く途中、「ぶどう畑」で、「なぞなぞ」にまつわる出来事に遭遇するのである。しかも、サムソンは愛するティムナの女にすっかり心奪われ、この女に謎解きをしつこく迫られて、とうとう彼女に屈し、自ら謎を解いてしまうのである。サムソンがぶどう園と婚宴という場において、愛する娘との愛に酔いしれる中で、知恵の謎かけと謎解きが行われるのである。

そこで、雅歌5章1節に注目しよう。

「私の妹、花嫁よ／自分の園に私は来ました。／私は私の没薬と香料を集め／蜜の滴る私の蜂の巣を食べ／私のぶどう酒とミルクを飲みました。／友人たちよ、食べなさい。／恋人たちよ、飲んで酔いなさい。」

この雅歌の一節は、花婿（若者）が愛する花嫁（恋人）に語りかける愛の言葉である。「わたしの園」はぶどう園をほのめかす。甘い「蜜の滴る蜂の巣」を吸い、「愛に酔う」男女のロマンチシズムが表現されている。このような場面は雅歌において終始一貫している。さらに、注目すべきことに、ここで没薬《もつやく》や香料を「（私は）集め」アーリーティはアリー「獅子」を含む字体で記されている。この雅歌の一節は士師記14章のサムソンの逸話とそっくりではないだろうか。雅歌の著者はサムソン物語を巧みに利用して表現していると考えざるを得ない。同様に、コヘレトも7章で、字義通りには女に心を奪われるという話の中で謎かけをしているのである。

ここでわれわれは、もう一つの解釈の可能性を指摘しておかなければならない。それは箴言において「女性」が知恵の比喩、すなわち知恵の擬人化において表現されるということである。

「知恵は巷で喜び歌い／広場で声を上げる。城壁の頂で呼びかけ／城門の入り口で語りかけて言う。」（箴言1：20、21）

「知恵を尊べ、それはあなたを高める。／知恵を抱けば、それはあなたを重んじる。」（箴言4：8）

「私を見いだす人は命を見いだし／主からの喜びにあずかる。」（箴言8：35）

これらの用例において、知恵は人格を有し、魅惑的な女性として振る舞い、男性に呼びかける。箴言のいたるところで、知恵について客観的に語る文体が、いつのまにか女性が男性を誘うような呼びかけに転換する（1－9章）。また、知恵は一人称でも語り、女性である「わたし」を「見いだす」男性は幸いだと語る。この知恵の擬人化において、女性を愛し求めることは知恵を愛し求めることと同義である。このような箴言における知恵の擬人化は伝統的な知恵の思考であって、擬人化により字義通りの知恵は超越的なシンボルとなる。それがコヘレト7章にも見られ、また雅歌においても示唆されるのである。

雅歌もまた知恵文学固有の「謎かけ」をし、「謎解き」を要求しているのではないだろうか。われわれは箴言、コヘレト書、士師記に知恵の本質としての「謎解き」があることを指摘したが、雅歌にもそれを読み取ることができるのではないか。少なくとも、これまでの議論において、雅歌はイスラエルの伝統的知恵の伝承の線上できちんと理解しうる文書なのである。したがって、その成立もコヘレト書に近い紀元前3世紀を想定してよいだろう。従来の雅歌解釈において、雅歌の寓喩的比喩的解釈は後代のユダヤ教、キリスト教の信仰的読み取りとして排除され、そのような解釈は字義的には誤りであって、雅歌はただの恋愛歌にすぎないと説明されるだけであった。しかし、雅歌には表面的に語られざるものについて語るという知恵の戦略があるのではないかという問いは消えない。

それについて、さらに福音書の喩え話と比較して考えてみよう。「喩え話」(パラボレー)は箴言冒頭の知恵の定義では「寓話」メリツァーに当てはまるが、70人訳では「格言」マーシャールのギリシア語訳がパラボレーである。マーシャールは隠された意味内容を有する文学形式であり、福音書の喩え話はこの旧約の伝統的知恵の伝承を継承している（ノーマン・ペリン）。マルコ福音書4章の「種蒔きの喩え」に注目しよう。

「よく聞きなさい。種を蒔く人が種蒔きに出て行った。蒔いている間に、ある種は道端に落ち、鳥が来て食べてしまった。」（3、4節）

喩えの導入部分だが、種蒔く人の姿が描写され、最初に蒔かれた一粒の種の顛末が記される。しかし、この喩えは主イエスによって次のように謎解きがされる。

『種を蒔く人』は、神の言葉を蒔くのである。道端のものとは、こういう人たちである。そこに御言葉が蒔かれ、それを聞いても、すぐにサタンが来て、彼らに蒔かれた御言葉を奪い去る。」（14、15節）

この謎解きによって、先の謎かけ（喩《たと》え）の謎が解ける。3、4節の喩え話は「謎かけ」であり、字義通りの読みに徹すれば、14、15節の「謎解き」の意味を読み取ることはできない。字義通りの読み取りとは、種蒔く人の逸話として読むことである。しかし、喩えには隠された意味が含まれている。謎解きがなされて初めて「喩え話」は喩え話として意味を持つのである。この謎かけと謎解きの両方がマルコ福音書に書かれている。この喩え話では、「種」は「神の言葉」、また「鳥」は「サタン」のメタファーとして意味の両義性を有している。「種」はシニフィアン（指示するもの）であり、「神の言葉」はシニフィエ（指示されるもの）である。この福音書の喩え話は、言うまでもないが、旧約の知恵伝承を的確に継承している。マルコ福音書の喩え謎かけにはそれ自体として謎解きのベクトルが織り込まれているのである。雅歌はこれとよく似ている。もし雅歌を知恵文書と見なさないならば、雅歌はただの恋愛歌であり、古代オリエント的色彩が濃厚な文学書である。しかし、雅歌はソロモンの名に由来するとおり、知恵文書として読むことが要求されている書なのではないだろうか。種蒔きの喩えのように、字義通りの意味を超えて、その「謎解き」が刷り込まれている書だと考えるべきではないだろうか。

4　雅歌の謎を解く

雅歌は「謎解き」として具体的にどのように読めるだろうか。これについて多くのヒントを与えてくれるのはラコックである。ラコックは雅歌の語彙や表現が旧約のテキストに幾つも見出されることを示し、インターテクスチュアリティー（間テクスト性）において雅歌の表現が有する多様な意味を解き明かした。ラコックによれば、雅歌の著者は女性であり、言葉遊びやパロディー、パラドックスを駆使するなどして、捕囚後のユダヤ教団の伝統的思想に鋭く対峙する革新的な思想を提示した。ラコックの提示する結論は吟味される必要はあるが、雅歌が単なる恋愛歌集ではなく、旧約の様々なテキスト、とりわけ預言者のテキストを十分に知った上で、それとの相互交流を示唆しているという見解はわれわれに手がかりを与えてくれる。雅歌のコンテキスト（文脈）は古代オリエント世界の文学的環境ではなく、旧約聖書そのものである。

雅歌の文学的な表現はとりわけホセア書に響き合うものを見いだす。そこでホセア書に目を向けよう。
「それゆえ、私は彼女をいざない／荒れ野に導いて、彼女に優しく語りかける。私はそこで、ぶどう畑を彼女に与え／アコルの谷を希望の門として与えよう。／彼女はそこで、おとめであった日々のように／またエジプトの地から上って来た時のように／私に答える。」（2：16、17）
「私はあなたと、とこしえの契りを結ぼう。／私は正義と公正、慈しみと憐れみをもって／あなたと契りを結ぶ。私はまことをもって、あなたと契りを結ぶ。／やがて、あなたは主を知るようになる。」（2：21、22）
「荒れ野のぶどうの房のように／私はイスラエルを見つけた。／初なりのいちじくのように／私はあなたがたの先祖を見いだした。」（9：10 a）
「私はイスラエルにとって露のようになる。／彼は百合のように花を咲かせ／レバノン杉のようにその根を下ろす。その若枝は茂り、麗しさはオリーブの木のように／かぐわしさはレバノン杉のようになる。」（14：6、7）

これらの引用文は雅歌の表現と極めてよく似ている。「荒れ野」（ミドバール）も「ぶどう（園）」（アナービーム）も「ゆり」（ショーシャナー）も「レバノン杉」（レバーノーン）も「いちじく」（テエーナー）も雅歌には頻出する。ホセア書では、初期イスラエルの歴史が回顧され、それが破綻している現在の北王国の宗教事情が批判される。このホセア書において重要なのは、引用からわかるように、婚姻の比喩である。ヤハウェとイスラエルの契約関係は、常に婚姻の比喩で表現される。ヤハウェがイスラエルに愛を語り、愛情を表現するのは、両者の間に「とこしえの契り」である契約が結ばれていることを暗示している。しかも、ホセア書では若者と娘が熱く愛し合う姿を、かつてイスラエルがエジプトを脱出し、荒れ野で神との契約を結んだ初期の時代に当てはめ、それを理想化している。このことはホセア書を読む限りにおいて明らかなことである。「わたしは彼女をいざなって、荒れ野に導き、その心に語りかけよう」とは、イスラエルに対するヤハウェの強烈なラブコールである。ホセア書ではヤハウェとイスラエルの契約関係が愛し合う若い男女の恋愛関係において表現されるのだ。ホセア書の比喩はイスラエルの契約なしでは理解できない。

このホセア書のコンテキストが雅歌のコンテキストでもあると説明することは、これまでのわれわれの議論からすれば、妥当ではないだろうか。雅歌において「若者とおとめ」を「神とイスラエル」に置き換えるのは後代のユダヤ教の宗教的解釈にすぎないと退ける必要はないのである。先の種蒔きの喩え話においては、喩えが「謎かけ」で、その解釈が「謎解き」であったように、雅歌のテキストにおいてもすでに謎かけと謎解きは解きがたく結びついているのではないかと考えられる。

このように雅歌を知恵文学として読む場合に、謎解きは可能となる。そこで、雅歌解釈上の難問 crux interpretum と言われる6章12節—7章1節を解釈してみよう。

「知らぬ間に、私の魂が、私をアミナディブの車に乗せていました。戻れ、戻れ、シュラムの女よ。戻れ、戻れ、私たちはあなたの姿が見たいのです。あなたがたはなぜシュラムの女を見たいのですか。マハナイムの舞いを見るように。」

雅歌には旧約において一度限りの語 Hapax Legomenon が極めて多いが、「アミナディブ」という名もここにしか出て来ず、「アミナディブの車に乗せられた」が何を意味するかは不明である。さらに「シュラム（のおとめ）」（シュラミート）という名もここにしかなく、「もう一度出ておいで」（シュビーシュビー）という命令形の繰り返しも意味不明である。何が言われているかはさっぱりわからない。そこで、様々なテキストの読み替えが提案されるが、それらが解決になるとは思われない。そういう難しい箇所である。これについてヒントを与えてくれるのは先に紹介したラコックである。ラコックは旧約テキストの中に、これらの語彙と響き合う箇所を提示して謎解きをするのである。

ラコックがコンテキスト（文脈）として類似性を指摘するのはサムエル記上7章1節とサムエル記下6章3節以下である。アビナダブの家から主の箱を車に乗せてエルサレムに運び出すという記述である。雅歌では「アミナディブ」において「アビナダブ」との音韻上の近似性が意図され、アミナディブと記述されると、意味は「高貴な民」である。それはまた続く7章2節の「ナディブの娘よ」（バト・ナディーブ）と呼応している。サムエル記の文脈では、ペリシテによって一度奪われた主の箱が、ようやくアビナダブの家から車に乗せられてエルサレムに運び出されるのである。それは、まさに主の箱が「神の民」イスラエルのもとに「帰る」ということではないか。このような文脈を雅歌のテキストはほのめかす記述をしている。というのも「わたし」が「アミナディブ」の「車」（マルケボート）に乗せられ、「戻れ、戻れ（もう一度出ておいで：新共同訳）」（シュビーシュビー）と呼びかけられているからである。「戻れ、戻れ（もう一度出ておいで）」はヘブライ語では「帰れ、帰れ」という命令（単数女性形）である。問題は「シュラムの女」（シュラミート）である。このコンテキストは列王記上1章にある。美しい娘であるシュネム生まれのアビシャグがダビデ王の懐を暖めるために仕える。また列王記上2章22節では、ソロモンはこの「シュネムの女」（シュナミート）アビシャグをアドニヤには絶対に譲らないと宣言している。「ソロモン」は「シュネムの女」を奪われたくないのだ。雅歌の「シュラム」という語は「ソロモン」と同様に「シャラム」を語幹としている。「シュラムの女」とは、いわばソロモンのものとなった女性という意味である。雅歌は「シュネムの女」ではなく「シュラムの女」と表現することにおいて、「シュネムの女」との近似性をほのめかしつつ、字義通りには、ソロモンと愛を結ぶロマンスの物語を記述しているようだ（ラコックはこの「シュラムの女」をアンチ・ソロモンと説明し、雅歌のアイロニーを見る。）。しかし、ここにはもう一つの意味が含まれるのであって、それは、主の箱が車に乗せられエルサレムに帰還するように、神の民が「高貴な民」アミナディブとして、車に乗せられ、主のもと（エルサレム／シオン）に「帰る」ということである。すなわち、ヤハウェとイスラエルの契約の日（婚宴）がもう一度やって来るという比喩（謎解き）だと説明できるのである。それゆえに、「もう一度出ておいで」（シュビーシュビー）という呼びかけは、イスラエルに対する主の強烈なラブコールなのである。この解釈は、旧約聖書のコンテキストを背景にしたインターテクスチュアリティーにおいて十分に読み取れるものである。このような読み方を後代の恣意的主観的な解釈と退けることはできない。雅歌が知恵文学だという前提において、知恵の本質から読み取れる謎解きであり、正当な解釈なのである。

結論

雅歌は知恵文学である。知恵の本質から雅歌の読み取りが可能となる。知恵文学である限り、字義通りの読みを超えた読み取りは正当なのである。このような知恵文学の解釈学的ベクトルの延長線上に、キリスト教的な寓意的な解釈がある。それは決して排除されるべき非聖書的解釈ではない。ただし、旧約聖書学では予型論的解釈は採用されない。予型論（typology）は歴史的／時間的要素を含んだ概念であるからだ。イザヤ書53章の「苦難の僕」をキリストと解釈するのは予型論的解釈であり、旧約聖書学ではそれは退けられる。旧約学では、終末論的メシアの予表という程度の解釈が限界である。雅歌もそうである。旧約学では雅歌をキリスト論的に読み取ることはしない。けれども、雅歌は神とイスラエルの契約を情熱的に描く旧約の知恵文学であるという結論が提示されるときに、かつて新約聖書が旧約聖書を予型論的に解釈したように、われわれも雅歌を予型論的に再解釈することができるのである。

＊本付論1は2017年4月4日に東京神学大学2017年度前期始業講演原稿をもとに書き改めたものである。本論文は、教文館から『小友聡論文集』（仮題）に収録予定であるが、その際には、ヘブライ語やギリシア語は原文で、また脚注も掲載する。今回は、読者層を考慮して、脚注は割愛させていただき、必要な箇所のみ本文で表示した。

【付論2】

コヘレトにおける「謎解き」——7章23—29節の解釈をめぐって

はじめに

コヘレトの言葉7章23—29節は釈義上、極めて困難な個所として知られている。この個所はまず意味がつかみにくい。何を言いたいかがよくわからないのである。それだけではない。ここには、コヘレトが女性を蔑視していると思われる表現が見られる。コヘレトの言葉の中にそのような記述があるということで、旧約聖書の倫理性が著しく疑われるということにもなりうる。実際、日本の旧約学者もそのようなコヘレト評価に通じる解釈をしているのである（関根清三『旧約における超越と象徴』、東京大学出版会、1994年）。そもそも、この個所は翻訳が非常に難しく、翻訳者はそれぞれに苦労して訳出している。新共同訳の場合も、コヘレトは女性を蔑視していると読み取れる訳文となっている。けれども、果たしてそのようにコヘレトが女性を侮蔑する思想を展開していると読むべきだろうか。われわれにはどうも、そうとは思われない。いや、そもそもコヘレトはこの個所で何を言わんとしているのか。その意図はいったい何なのか。われわれはこの難問に挑戦しようと思う。その際、われわれが手がかりとするものがある。それは、この個所の直後にある8章1—9節について、かつてわれわれが考察をし、その分析から黙示思想との直接的な関わりを見出したことである（拙論「黙示思想と伝道の書」、『神学』62号、2000年参照）。その結論から、われわれはこの7章23—29節にも黙示思想との何らかの関わりがあることを予想する。ひょっとして、コヘレトは8章1—9節がそうであったように、ここでも「解釈」ということを問題にしているのではないだろうか。コヘレトは「解釈」に事寄せて、実は「謎解き」をしているのではないか。その「謎解き」の意味については本論文の後半で扱うこととして、それでは、さっそくテキストそのものに取り組もう。

1　私訳と文献学的考察

まず、コヘレトの言葉7章23―29節の私訳から始めよう。以下のとおりである。

23a：このすべてを私は知恵によって吟味した。
23b：私は言った「知恵ある者になろう」と。しかし、それは私から遠かった。
24a：それが何であるかは（私には）遠い。
24b：深い、深い。誰がそれを解けるだろうか。
25a：私、すなわち、私の心は知り、突きとめ、探究しようとした。知恵と結論を。
25b：そして、知ろうとした。悪は愚かであり、愚行は狂気であることを。
26a：私は解く者である。
「死よりも苦い（強い）女。彼女は罠、その心は網、その手は枷。
26b：神の前に良しとされた者が彼女から免れる。罪人は女に捕らえられる。」
27a：見よ、これを私が解いた、とコヘレトは言う。
27b：一つ一つ、結論を解く（に到達する）ために。

28a：ふたたび私の魂（私自身）は探究したが、私は解けなかった。
28b：「千人の中に一人の男を私は見出した（解いた）が、これらすべての中に女を見出さ（解か）なかった。」
29a：けれども見よ、これを私は解いた。すなわち、神は人間をまっすぐに造ったが、
29b：彼らは大いなる戦略を探究するのである。

非常に錯綜したテキストであることは一目瞭然である。けれども、この個所で本文批評上問題となる重要な異本は少ない。本文の解釈を容易にするためにBHSは幾つかの読み替えを提案するが、そのように読んでいる古代語訳を含めた写本が存在しないゆえに、われわれはその提案を退ける。なお、25節において、「私の心」に接続詞w（ヴェ）ではなく、前置詞b（べ）が付く写本がある。「私の心で」という意味になるが、内容的に大きな違いはない。さらにまた、25節に「愚行」と「狂気」の間に接続詞w（ヴェ）が付く写本もあるが、これも本質的な相違を示さない。したがって、われわれはマソラ伝承本文に従う。このテキストの統一性の問題について考えてみよう。かつてわれわれが確認した通り、8

章1—9節は段落を構成し、統一性を有する。したがって、その直前にある7章29節が段落の終わりとなることは確かである。それならば、段落はどこから始まるか。われわれは次の理由から、23節が段落の始まりと見る。まず、24節から29節まで、幾つかの鍵語が頻出していること。動詞マーツァー(解く、見出す、到達する)が8回も繰り返され(24、26、27a、27b、28a、28b、28b、29節)、またバーカシュ(探究する)が3回(25、28、29節)、さらにヘシュボーン(結論、25、27節)と連動すると思われるヒッシュボーノート(戦略)が29節に出て来る。これらの鍵語の頻出は少なくとも24節から29節がひとまとまりであることを示唆する。しかも、23節は知恵への到達不可能性を記述しており、それは24節以下の内容と直接に繋がっている。そのように考えれば、23—29節が段落を構成すると見ることができる。ただし、問題は27節に「コヘレトは言う」という奇妙な表現が見られることである。コヘレトの言葉を複雑に編集された文書と見る研究者は、これを編集者による後代の付加と説明し、それによってテキストの統一性を否定する。なるほどそのように説明するのは可能だが、私訳からも判明するように、これはコヘレトが引用した文について自らの見解を述べ、その自己見解を明瞭にするために意図して記述した表現であるとわれわれは判断する。実際、そのように判断すれば、これを前後の文脈において異質なものとして切り離す必要はない。以上のような見方から、われわれは23―29節が錯綜した内容であるにもかかわらず、統一性を有するテキストだと結論する。
この段落の内容は次の通りである。まず、コヘレト自身が真の知者になれないと告白をする（23―24節）。それにもかかわらず、コヘレトは知恵を探究しようとする（25節）。そこで、彼は一つの知恵の命題に取り組む（26節）。それを彼は解いたかに見えた（27節）。けれども、とうとう解けなかった（28a節）。コヘレトは次に第二の知恵の命題に向かう（28b節）。これについて解きはしたが、その結果は実に落胆するものであった（29節）。段落の構成をまとめてみよう。

23―24節　真の知者になることの不可能性
25節　探究の開始
26節　知恵の命題　1.（引用文）
27節　解いた
28a節　解けない

28b節　知恵の命題　2.（引用文）
29節　最終的な結論

要するに、コヘレトは真の知者であろうとして知恵を探究したが、否定的な結論に至ったわけで、23節の導入節がすでに結論を先取りしていることがわかる。これによって、コヘレトが、本書全体においてそうであるように、知恵の限界について語っていることは明瞭だと思われる。それでは、この段落で釈義上、問題になることは何か。それは、26節と28b節に見られる二つの引用文である。いずれも女性が問題となっている、実に奇妙な内容の引用文である。もっとも、ヘブライ語には引用符がない以上、これを引用文と断定するのは早計かも知れない。だが、前後の文脈から考えて、これは明らかに独立した文であって、引用文だと判断するのが自然であろう。もし、これを引用文と見ないならば、26節も28b節も「地の文」であって、コヘレト自身の見解ということになる。それによって、コヘレトがいかに支離滅裂な議論展開をし、いかに偏って女性を嫌悪しているか、を説明することは容易となる。けれども、コヘレトをそのように見る必要はないのではないか。

同じように支離滅裂であるかに見える8章1―9節をわれわれはすでに解明し、そこに思想的な論理的一貫性を見出したのである。

それでは、なぜコヘレトは女性を問題とするのであろうか。いや、そもそも、この二つの引用文は何を意味するのだろうか。われわれはその問題を解明しなければならない。

3　研究史的考察

26節と28b節の解釈をめぐって今日まで多くの議論がされてきた。その諸議論の典型的なものを紹介しよう。まず、ラウハの解釈を挙げる。ラウハは26a節ではコヘレトがすべての女性をそのように見ているのだと判断する。したがって、コヘレトにとって女性はすべて妖婦であり、危険な存在だということになる。次の26b節「神の前に良しとされた者が彼女から免れる」は正統的立場からの編集的付加だとラウハは見る。ラウハによれば、28節も26a節と同様で、非の打ちどころのない女性は一人もいないという意味に取る。ラウハはコヘレト自身がそのように女性をアイロニカルに見ているると判断するのである。このラウハの解釈は、コヘレトを「女性嫌い」と見る立場として典型的なものであろう。もっとも、ラウハ自身はコヘレトを必ずしも「女性嫌い」とは断定せず、コヘレトが女性の危険性に狼狽しているのだと説明するのだが。このようなラウハの解釈は、26節と28b節をコヘレト自身の見解と判断することから由来している。けれども、コヘレトが女性嫌いだという推測は9：9の表現から否定される。コヘレトは妻を人生の大切なパートナーと見ているのであって、そのようなコヘレトの女性観から「女性嫌い」を結論として引き出すことはできない。コヘレトが女性を蔑視しているとは思われない以上、26節と28b節はその内容からしてやはり引用文と見るべきではないだろうか。ちなみに、コヘレトの女性観をラウハのように否定的に見る解釈の線を示すのは新共同訳も同様である。新共同訳は28b節を「千人に一人という男はいたが、千人に一人として、良い女は見いださなかった」と訳す（聖書協会共同訳：千人の中に一人の男を見いだしたが、これらすべての中に一人の女も見いださなかった。）。けれども、ヘブライ語の原文には「女」に「良い」という形容詞は付いていない。コヘレトは「良い女」を問題にしているのでは全くない。28b節の新共同訳は、コヘレトが女性を否定的に見ているという先入観に基づいた残念な誤訳であって、訂正される必要がある。

コヘレトを「女性嫌い」と見る解釈を全面的に否定するのはローフィンクである。ローフィンクによれば、26a節は伝統的な格言からの引用である。しかも、通常「苦い」と訳されるマルはウガリット語やアラム語の用例から判断すれば、「強い」という意味であって、「女は死よりも強い」が本来の意味だとされる。これは雅歌8章6節「愛は死のように強く、熱情は陰府のようにしたたかだ」と関連し、女性の不死性を示唆する格言であったとローフィンクは推測する。コヘレトは27節でこの格言を批判し、28b節で決定的に否定したわけである。そこで、28b節については、「千人のうち一人の（長生きしている）男性はいたが、そういう女性は一人もいなかった」という説明がされる。要するに、女性は不死ではないというあたりまえの結論にコヘレトが達した、とローフィンクは解釈するのである。このローフィンクの解釈は思弁的な憶測を含むという問題点があるとはいえ、コヘレトを「女性嫌い」と断定する解釈に対抗する一つの解釈として支持される。ローフィンクを基本的に支持するミヘルの解釈も興味深い。ミヘルは26節の「女性嫌い」表現を引用文と見るが、注目すべきは28b節の解釈である。彼は「千人に一人」という表現がシラ書6章6節では「信頼できる友人」を意味する点に注目する。それによって、28b節は女性を「信頼できる友人」にはできないというコヘレトの結論である、とミヘルは解釈する。

コヘレトの「女性嫌い」を否定する解釈としてはリーゼナーの解釈が重要である。リーゼナーによれば、コヘレトが語る「女」は女性すべてではなく、ある特定の女性を指しており、しかもそれは比喩的表現と理解される。箴言5章22−23節に「主に逆らう者が罠にかかる」とあるが、これは紛れもなく「異邦の女」を指している。けれども、ヘレニズム時代を背景にするコヘレトが「異邦の女」を危険視するとは考えにくい。そこで、リーゼナーが目を向けるのは25−29節でコヘレトが動詞バーカシュ「探す」とマーツァー「見出す」を多用している点である。この二つの動詞は雅歌3章1−4節や5章2−8節では女性を探すことと関係するが、箴言では女性に擬人化された知恵を探究することが決定的に重要であった。例えば箴言2章1−22節には「知恵である女性」に敵対する存在として「異邦の女」が登場し、9章13節には「愚かさという女」が登場する。知恵文学では知恵が女性に擬人化されるのである。したがって、リーゼナーは26節の「女」を二重の意味で理解できるのではないかと推測する。これは28節の解釈に生かされる。28節は表現のレベルでは女性を見出せなかったということだが、比喩的なレベルでは知恵を見出せなかったという意味となる。つまり、コヘレトはこの個所でイスラエルの知恵の表象を用いているのであって、コヘレト自身を「女性嫌い」と断定するのは見当はずれだとリーゼナーは指摘するのである。

リーゼナーのようにコヘレトが「女性」ではなく、女性に擬人化された「知恵」を問題にしていると解釈するのは研究史的に重要である。けれども、知恵文学では知恵が女性に擬人化されることはあっても、「知恵」の逆である「愚かさ」が男性に擬人化されるということはない。つまり、知恵文学では「知恵」を女性に擬人化するからといって、男性は全く問題とはならないのである。ところが、この28b節は「千人の中に男を見出したが、女を見出さなかった」のであって、あくまで男性と女性という「性」性の対照が際立っている。この点で、リーゼナーの解釈は問題なしとしない。最近、鎌野直人氏はリーゼナーを批判し、コヘレトが「知恵と愚かさ」から「知者と愚か者」という人格へとシフトを変えている点を強調する。しかし、鎌野氏の場合も、やはり28b節で男女の性の区別が解消していないことが見逃されている。人格化という説明だけで果たして問題解決になるかどうかわれわれには疑問である。

以上の研究史的考察によって結論として言えることは、この個所の解釈はまだ確定はしておらず、問題が残ったままだということである。クリューガーは幾つもの解釈が可能となるように書かれていると説明するが、それで解決がついたとは思われない。そこで、われわれが注目するのはバルツァーの興味深い解釈である。バルツァーはこの個所（7：23―8：1a）に見られる特徴的な言葉遊びに注目し、そこからテキストの意味を解き明かそうとする。彼は26節のヘブライ語メツォーディーム「罠」が軍事行為を意味し、28b節のヘブライ語エレプが「千（人）」という数量のみならず、軍事的用語として「旅団」をも意味することを指摘する。そうであれば、28b節の「これらすべての中に女を見出さなかった」は「軍隊に女性はいない」という意味になる。さらに、29節のヒッシュボーノート「策略」は「攻城要塞」を意味する。これによって、女ではなく男が戦争で人を殺すのだという29節の意味が浮かび上がる、とバルツァーは説明している。以上の分析から、バルツァーは最終的にコヘレトがペシミストではなく、リアリストだと結論付けるのである。このバルツァーの分析は非常に優れた分析であって、われわれのテキスト7章23―29節の謎を解く上で極めて重要な手掛かりになると思われる。われわれはこのバルツァーを手掛かりにして、従来の解釈とは全く別の方向からこの個所にアプローチする必要がありそうだ。

4　旧約における「謎解き」

コヘレトはこの個所7章23―29節において、ひょっとして「謎解き」をしているのではないだろうか。われわれはそのように予想する。しかし、いきなりコヘレトの「謎解き」について論じても面食らう者が多かろう。そこで、まず、なぜコヘレトにおいて「謎解き」ということが問題となるかについて説明しよう。また、「謎解き」が旧約文学において重要な位置付けを持っていることについても論じよう。

そもそも、『コヘレトの言葉』を含む知恵文学において実は「謎解き」は重要な知恵の範疇である。箴言1章2―6節は箴言の導入部分であって、そこに箴言の著作目的が記される。その中に、「格言、寓話、賢人らの言葉と謎を理解するため」という知者の使命が見られる。マーシャール「格言」、メリーツァー「寓話」、ディブレー・ハカーミーム「知恵の言葉（ことわざ）」、ヒードータームー「謎」を理解することが知者の使命である。箴言に記されるこの知者の使命は、当然のことながら、コヘレトもまた継承している。実際、12章9―10節にはコヘレトの覚書が記され、「知恵」を教えるだけではなく、メシャーリーム・ハルベー「多くの格言」を吟味し、研究することが自らの使命であるとコヘレトは認識しているからである。マーシャール「格言」という概念は知者が探究すべき範疇を総称するものであって、それはヒーダー「謎」を解くことも含むと見てよいのではないか。実際、詩編49：5と78：2には両者が並行して記される（エゼキエル書17：2、シラ書39：1―3をも参照）。

そこで、「謎」ということが問題になってくる。それでは、知者が理解すべきヒーダー「謎」とは何だろうか。クレンショウによれば、暗号的言語に由来する同時的解釈の仕掛けである。これは古代オリエントの文学にはしばしば見られるものであって、旧約聖書にも、とりわけ知恵文書に多く存在する。「謎」解きが知者の使命だとすれば、箴言は謎解きの宝庫である。例えば、30章18―19節である。「私にとって驚くべきことが三つ、知りえぬことが四つ。天にある鷲の道、岩の上にある蛇の道、大海の中の船の道、男が若い女に向かう道」。この格言において、デレク「道」という言葉が謎解きの仕掛けになっている。デレクは字義通りには「道」であって、鷲が空を飛ぶ経路、蛇が這う道筋、大海を渡る航路は、それぞれ追跡不可能な驚くべき「道」である。けれども、デレクは比喩的には「態度」や「支配」という意味もある。四番目の「男が若い女に向かう道」の「道」は「歩行経路」だけではなく、「(結婚への)態度」や「(若い女の)占領」をも示すのであって、そこに驚くべきこと、知りえぬことの「落ち」がある。つまり、30章18–19節ではデレク「道」が暗号的言語であって、知者である箴言の著者は同時的解釈の仕掛けをこの四つの例を並べて解いたのである。これを単なる言葉遊びや駄洒落にすぎないと過小評価することはできない。このような暗号的言語の謎解きは箴言のいたるところに頻出するのである。

旧約にヒーダー「謎」という語の用例は17個所あるが、そのうち8回は士師記14章12–19節に集中している。そこはいわゆる「サムソンの謎解き」の個所である。われわれがコヘレトの「謎解き」をする場合、このサムソン物語は極めて重要な手掛かりとなる。物語を要約しておこう。サムソンはティムナでペリシテ人の娘に夢中になり、妻に迎えようと考えた時、道で一頭の獅子に遭遇した。彼は素手で立ち向かい、この獅子を裂いたが、帰る途中で見たところ、獅子の死骸に蜜蜂が巣食っていた。その蜜を彼は食べた。さて、娘との婚宴の時、サムソンは三十人の客に謎を掛け、解き明かせば高価な衣類をやると約束した。その謎とは「食べる者から食べ物が出た。強いものから甘いものが出た」(14節)。ところが誰もこの謎を解けない。そこでサムソンの妻は夫に泣きすがって謎の意味を求めた。サムソンが仕方なく謎を解き明かすと、婚宴の七日目に人々は次のように答えた。「蜂蜜より甘いものは何か。獅子より強いものは何か」(18節)。これを聞いて、サムソンは謎が解かれたことを知り、アシュケロンで三十人を打ち殺し、衣服を奪い取って、謎解きをした者たちにそれを与えたのである。

このサムソンの謎解きにおいて、ヒーダー「謎」という鍵語が8回繰り返される。しかも、謎を「解く」という動詞についてはナーガド(ヒフィル形ヒッギード)がもっぱら用いられるが、注目すべきことに18節ではマーツァーが使われている。マーツァーは通常、「見出す」という訳語があてられるが、ここでは対象が「謎」である以上、「見出す」ではなく「解く」と訳す必要がある。このマーツァーがわれわれのコヘレトの言葉7章23–29節に8回出て来ることを思い出してもらいたい。

さて、問題はこのサムソン物語において、「謎（解き）」がどういう機能を果たしているかである。この士師14章12–19節は旧約の「謎解き」の典型的個所と言われるが、奇妙なことがある。それは、14節の「謎」と18節の「解き明かし」は前後の文脈から判断していずれも引用文であるが、両者は必ずしも直接に結び合わず、噛み合わないということである。

士師14章14節「食べる者から食べ物が出た。強い者から甘い物が出た。」＝謎かけ
士師14章18節「蜜より甘いものは何か。ライオンより強いものは何か。」＝解き明かし

この二つの引用文は、「～の答えは～である」という問答形式にはなっていない。14節と18節には微妙なずれがある。厳密な意味で謎解きになっているとは言いがたいのである。これをどう説明したらよいか。全く別々の「謎解き」伝承が不細工に結合していると見るべきだろうか。この二つの引用文はゆるやかな仕方で内容的に繋がっている。ここには文化史的背景が想定され、花婿と婚礼客との間で歌われた宴席の謎掛け歌のようなもの

と理解すべきかも知れない。けれども、それだけでは十分な説明にはならない。それでは、14節と18節を繋ぐものは何か。

われわれの疑問に光を投じてくれるのはポルターの考察である。ポルターによれば、14章14節と14章18節において共通の鍵語になっているのはアリーである。アリーはヘブライ語では「ライオン（新共同訳：獅子）」を意味するが、ウガリット語では「蜂蜜」を意味する。これはすでにアラビア語の語源からも指摘されていた興味深い事実である。したがって、アリーが「ライオン」のみならず「蜂蜜」を指すということが古代イスラエルにおいて知られていた可能性が十分にある。そうだとすると、14節と18節の繋がりがよくわかる。14節の謎掛け歌に対して18節の返答歌「蜂蜜より甘いものは何か、獅子より強いものは何か」が提示された時、アリーという言葉がその答えとして浮かび上がるのである。「ライオン」（＝食べる者・強いもの）を意味するアリーから「蜂蜜」（＝食べ物・甘いもの）が出るからである。実際、18節後半でサムソン自身が「謎は解かれた」と認めている。つまり、アリーという二重の意味を含む暗号的言語が仕掛けになって、二つの「謎解き」の文が繋がっているのである。われわれは、ポルターの考察がサムソン物語を解明する決定的手がかりを提示していると考える。

このように考えると、このサムソン物語のテキストが旧約の「謎解き」の典型であることが説明できる。要するに、意味の二重性を解く言葉遊びが「謎解き」の本質にあるのである。これは、先に例として挙げた箴言30章18―19節のデレク「道」の場合とぴたりと重なる。旧約では言葉遊びが「謎解き」のシグナルとなっている。ちなみに預言者の象徴預言もこれとよく似たものである（エレミヤ書1：11―12；アモス書8：1―2参照）。

5　コヘレトにおける「謎解き」

われわれの予想は、「謎解き」がコヘレトにもあるということである。すでにサムソン物語で「謎解き」の用語として使用されたマーツァー「解く」がわれわれの個所に多用されていることは指摘した。しかし、問題は「謎解き」の鍵語であるヒーダーがコヘレトでは用いられていないということである。けれども、それがないからと言って、コヘレトには「謎解き」がないとは言えない。実際、旧約ではヒーダーの使用なしで隠喩的な詩文が

「謎」として理解されることがしばしばある。コヘレト（12：9）が任務としているマーシャール「格言」の探究には、箴言1章6節や詩編49章5節；78章2節の用例から指摘できるように、「謎解き」も含まれるのではないだろうか。そこで、われわれが注目するのは12章3—6節である。コヘレトのクライマックスの詩文である。

「その日には／家を守る男たちは震え／力ある男たちは身をかがめる。／粉挽く女は数が減って作業をやめ／窓辺で眺める女たちは暗くなる。粉を挽く音が小さくなり／通りの門は閉ざされる。／鳥のさえずりで人は起き上がり／娘たちの歌声は小さくなる。人々は高い場所を恐れ、道でおののく。／アーモンドは花を咲かせ、ばったは足を引きずり／ケッパーの実はしぼむ。／人は永遠の家に行き、哀悼者たちは通りを巡る。やがて銀の糸は断たれ、金の鉢は砕かれる。／泉で水がめは割られ、井戸で滑車は砕け散る。」

多くの説明は要すまい。これは字義通りには、死者を悲しみ嘆く町の人々の様子を表現していると読み取れる。けれども、これは比喩的には、すなわちメタファー（隠喩）としては、死にゆく人間の姿を巧みに描いているのである。「家を守る者たちは震え」は、高齢になって膝ががくがくすること。「力ある男たちは身を屈める」は年老いて腰が曲ること。「粉ひく女たちは減って、わずかとなる」は年を取って歯が抜けること。「窓辺で見る女たちは暗くなる」は視力が弱くなること。以下、説明は省略する。つまり、人が年老い、死に向かって体が弱っていく様をコヘレトは比喩的に描くのである。このように、字義的なレベルと比喩的なレベルという二重の読み取りが可能なように詩文が表現されているのである。これは、コヘレトが「謎解き」をしている確かな実例である。同様のことはわれわれのテキスト7章23—29節についても言えるのではないだろうか。そこでもう一度テキストに戻ろう。注目するのは二つの引用文である。

7：26「死よりも苦い女。彼女は罠、その心は網、その手は枷。神の前に良しとされた者が彼女から逃れる。」

7：28b「千人の中に一人の男を見出したが、これらすべての中に女を見出さなかった。」

上記の二つの引用文はどのように互いに関係しているだろうか。字義通りには両者が「女」を問題としているのは確かである。26節の「女」は娼婦を示唆しているかに見える。けれども、28b節で千人の中に「女」はいないということは全く意味が不明である。この二つの引用文の鍵語が「女」であることは間違いない。この「女」という言葉で両者は意味的に接続するからである。とするならば、「サムソンの謎解き」がそうであったように、ここに「謎解き」が機能しているのではないだろうか。実際、コヘレトは「謎解き」で用いられるマーツァー「解く」という語を文脈で多用している。われわれは、「女」という語がひょっとして暗号的言語ではないか、と予想する。そこで、注目したいのは、この個所(23—29節)において同様に二重の意味を有する特徴的な言語群である。

まず、メッツォーディーム「罠」(26a)について。単数男性形マーツォードはコヘレト以外には2つの用例しかない(箴言12:12;ヨブ記19:6)。また、単数女性形メッツォーダーは旧約では4つの用例がある(詩編66:11;エゼキエル書12:13;13:21;17:20)。両者はいずれもネガティブな意味で「罠」あるいは「網」と訳される。重要なのは、このメッツォーディームがコヘレト9章14節にも出て来ることであって、そこでは明らかに城砦を攻略するための「攻城堡塁」を意味している。

ハラーミーム「網」(26a)について。単数形は旧約では8つの用例があり、すべて預言書に見られる(エゼキエル書26：5、14：32：3：47：10：ミカ書7：2：ハバクク書1：15、16、17)。これもネガティブな意味で「網」と訳される。注目すべきはミカ7章2節であって、比喩的な意味で「武器」を指している。

アスーリーム「枷」について(26a)。この語は士師15章14節ではサムソンを縛る「枷」であり、エレミヤ書37章15節では「牢獄」を意味する。軍事的な設備や施設を意味する語である。

ヘシュボーン「結論」について(25a、27b)。この語は動詞ハーシャブ「考える」「説明する」から由来する名詞で、コヘレトにしか出て来ない極めて特殊な用語である(さらに9：12も)。

ヒッシュボーノート「戦略」について(29b)。この語はコヘレト以外には旧約で1回しか出て来ないが、語源的にヘシュボーンと関連するのは確かである。しかもここでは文脈上、ネガティブな意味であるために、「戦略」あるいは「策略」と訳される。けれども、重要なのはコヘレト以外で唯一の用例である歴代誌下26章15節である。そこでは、ヒッシュボーノートは「考案された装置」と訳されるが、明らかにこれは「攻城堡塁」を意味している。

したがって、コヘレト7章26a節と9章14節のメッツォーディームと全く同じ意味となる。エレプ「千人」について(28b)。この語は「千」という数量を意味するが、これは軍事的には、千人の兵士で編成される「旅団」を意味する。

以上の分析から、これらの言語群はすべて軍事的用語であって、表層のレベルでは、「女」が免れがたい桎梏の存在であることを示すと同時に、深層のレベルでは、それが明らかに「戦争」をほのめかしていることが確認できる。つまり、いずれの特徴的な用語も「女」と「戦争」を示唆し、しかも、いずれも「逃れられないもの」を意味するのである。したがって、二つの引用文は次のような意味として理解できる。

7：26「死よりも苦い女。彼女は罠、その心は網、その手は枷。神の前に良しとされた者が彼女から逃れる。」＝（戦争のように）女から逃れられる者はいない。

7：28b「千人の中に一人の男を見出したが、これらすべての中に女を見出さなかった。」＝（戦争を遂行する）部隊に女はいない。

この二つの引用文は謎掛け歌のように呼応している。アイロニーを含んでいるが、「女」が暗号的言語となって、戦争から逃れられない現実が隠喩によって指摘されるのである。これは決して恣意的な解釈ではない。なぜならば、コヘレトはこのあと8章8節でいみじくも語るからである。いわく、「戦争を逃れる者はいない」。戦争については、3章の「時の詩」の結び（8節）でも触れられている。コヘレトにとって戦争は現実なのである。いずれにせよ、コヘレトがここで女性を揶揄していると結論するのは全く一面的な解釈であって、コヘレトはむしろ「戦争」から逃れられない苛酷な現実を暗号的言語を駆使して巧みに表現しているのである。これは死をリアルに見つめる「コヘレトの言葉」全体のコンテキストと直接につながっている。

6　なぜ「謎解き」なのか

それならば、このような「謎解き」をするコヘレトの意図は何か。われわれは8章1―9節との関係からこの問題に答える。すでにわれわれは、8章1―9節においてコヘレトが黙示思想と対決していることを論述した。その結論は次のようなものであった。すなわち、コヘレトは8章1b節の格言的表現（命題）の「言葉の解釈」ペーシェル・ダーバールを問題にしている。これについて、コヘレトはダニエル書に見られる終末論的なペシェル解釈に異を唱え、伝統的知恵の立場から倫理的解釈を提示しているのである。このわれわれによる8章1―9節の分析結果と比べると興味深いことが見えてくる。

注目すべきは「謎解き」という事柄である。「謎解き」はダニエル書の黙示思想においても重要なテーマである。まず、ダニエル書ではヒーダー、すなわち「謎」を解くということが「夢の解釈」とともに知者の極めて重要な使命である。ダニエル書5章12節を見ると、「謎解き」と「夢の解釈」がダニエルの果たすべき使命として出て来るからである。その「謎解き」が、ダニエル書では王の宮殿の壁に現われた謎の文字をダニエルが解釈することにおいて実現する（ダニエル書5：25─28）。メネ、テケル、ウ・パルシンというアラム語が謎の文字なのだが、それぞれの文字はバビロニア／ペルシア時代の貨幣単位あるいは重量単位であった。けれども、同時にこれらの言語は語呂合せ（言葉遊び）によって解釈される。というのも、アラム語でメネは、文法的には「数えられる」、テケルは「量られる」、ウ・パルシンは「分かたれる」を意味するからである。ダニエルはそれによって、王の治世が終わり、王国が二分されることを預言した（ダニエル書5：26─28）。要するに、このダニエル書の「謎解き」は、やはり暗号的言語に由来する同時的解釈の仕掛けによるのである。これは、コヘレトが7章23─29節で用いた「謎解き」と全く同じ方法である。それならば、コヘレトはこの7章23─29節においてダニエル書と同じ黙示的方法によって「謎解き」をしているのだろうか。もしそうだとすれば、黙示思想との関係はいったいどう説明できるだろうか。

重要なことは、ダニエル書の「謎解き」がどのような方向で解釈されているか、ということである。それは、メネ、テケル、ウ・パルシンがそうであるように、終末論的な方向である。貨幣単位あるいは重量単位を示すメネ、テケル、ウ・パルシンという暗号的言語が黙示的解釈（ペシェル解釈）によって、王国の滅亡という終末を知らせる啓示となるのである。そもそもペシェル解釈とは、終末論的出来事を神的啓示として引き出そうとする極めて特異な解釈の方法である。その解釈の方法として、言語の意味の二重性を解く「謎解き」がダニエル書では利用されるのである。つまり、ダニエル書の黙示思想では「謎解き」を終末論的解釈の方法として用いているということである。

それに対して、コヘレトの場合はどうであろうか。コヘレトも確かに7章23―29節では「謎解き」を用いている。けれども、その解釈の方向はどうだろうか。コヘレトは暗号的言語に由来する同時的解釈の仕掛けを用いるが、決して終末論的な解釈をしない。そのように終末論的解釈をしないという点では、伝統的な謎解きの一種である「サムソンの謎解き」の場合と同様である。これに関して興味深いのは、コヘレトがしばしば言葉遊びで終末論をからかっていると見られることである。コヘレトがため息混じりに「果てしない」という熟語を用いる時には、必ずエーン・ケーツ「終末は存在しない」という独特な表現が用いられる（4：8、16：12：12）。これはコヘレトの非終末論的思考を象徴するものではないだろうか。

コヘレトは7章23―29節において、逃れられないものとして「女」という暗号から「戦争」を引き出す。その結果、戦争から逃れる者は一人もいないのだ、という現実を認知するのである。このような解釈の方向は、8章1―9節でコヘレトが格言的表現（8：1b）から「王の言葉を守れ」（8：2）という倫理的な命令を引き出し、さらに「戦争から逃れる者はいない」（8：8）と結論していることと一致する。しかも、8章1節ではペシェル解釈を拒絶するのである。コヘレトは、彼岸的・終末論的な解釈を徹底的に拒否し、現実から目をそらさず、伝統的な「謎解き」の方向において言葉を解釈していると考えられる。すなわち、現実をじっと見つめるコヘレトにとって終末は個体としての人間の死にほかならず、コヘレトは歴史の彼岸に終末なるもの（希望）を見ようとしない。コヘレトの思考は徹頭徹尾、反終末論的であり、此岸的なのである。コヘレトは死すべき人間の運命から目をそらさない。彼はその死の運命の直視において反転する。戦争から逃れられない苛酷な現実の只中で、コヘレトは今をどう生きるかを徹底的に考え、その責任を果たそうとするのである。このような7章23―29節におけるコヘレトの態度は、8章1―9節がそうであったように、黙示思想に対する反論を意図したものとわれわれは判断する。コヘレトは伝統的な「謎解き」の方法で解釈することにおいて黙示的解釈に否を示したのである。ここに、コヘレトの「謎解き」の意図が読み取れる。

7　結　論

コヘレトの言葉7章23―29節という難しいテキストをわれわれは考察した。コヘレトはここで解釈ということを問題にしている。彼は解釈に事寄せて「謎解き」をしているのである。その「謎解き」は黙示的終末論への批判を意図しているということがわれわれの結論である。コヘレトは女性を蔑視しているのでもなければ、厭世的な思想を陳述しているのでもない。黙示思想という新たな解釈学的潮流に対し、あくまで伝統的な知恵の枠組みから反論を企てているのである。旧約の中に、ダニエル書のように黙示的終末論を支持する方向と、それに反論するコヘレトの反終末論的な方向が同時に存在している。旧約には、このような多様性があるのである。これは実に興味深いことではなかろうか。

＊本付論2は東京神学大学２００６年度前期始業講演に手を加えたもの。脚注は前付論同様割愛する。

＊「謎解きの知恵文学」文献表（本文で扱ったもの）

第1講

・水野隆一「雅歌」、木田／山内監修『新共同訳　聖書事典』日本基督教団出版局、２００４年、191−192頁。

・左近淑「詩篇および文学的小品」、石田他編『総説旧約聖書』日本基督教団出版局、１９８４年、478−482頁。

・勝村弘也「雅歌研究史から見えてくるもの」、『福音と世界』６月号、２０１５年、６−11頁。

第2講

・S・N・クレーマー、小山英雄／森　雅子訳『聖婚　古代シュメールの信仰・神話・儀礼』新地書房、１９８９年。

・杉勇／三笠宮崇仁編『古代オリエント集』（筑摩世界文学大系１）、筑摩書房、１９８０年。

・並木浩一「雅歌　牧歌の伝統を革新する愛の表現」、『旧約聖書の水脈』（並木浩一著作集３）、日本

基督教団出版局、2014年、304―329頁。

第3講

・Philip S. Alexander, The Targum of Caticles (The Aramaic Bible Vol.17A), T&T Clark, 2003.
・Paul V. M. Flesher and Bruce Chilton, The Targums. A Critical Introduction, Baylor University Press, 2011.
・ヴィクトール・E・フランクル、池田香代子訳『夜と霧 新版』みすず書房、2002年。

第4講

・ベルナール、金子晴勇訳「雅歌の説教」『キリスト教神秘主義著作集2』教文館、2005年。
・オリゲネス、小高 毅訳『雅歌注解・講話』創文社、1982年。
・ニュッサのグレゴリオス、宮本久雄訳「雅歌講話」『中世思想原典集成2』平凡社、1992年、432―482頁。
・ウンベルト・エーコ、河島英明訳『薔薇の名前 上・下』東京創元社、1990年。

第5講

・カール・バルト、管 円吉／吉永正義訳『教会教義学 創造論Ⅱ／2 中』新教出版社、1974年。

・H・ゴルヴィッァー、佐々木 勝彦訳『愛の讃歌』日本基督教団出版局、1990年。
・E・ベートゲ編、村上伸訳『ボンヘッファー獄中書簡集』新教出版社、1988年。

第6講

・F・ローゼンツヴァイク、村岡普一／細見和之／小須田健訳『救済の星』みすず書房、2009年。
・永井 晋「雅歌の形而上学／生命の現象学」『現代思想レヴィナス』3月臨時増刊号、青土社、2012年、300―313頁。
・E・レヴィナス、合田正人訳『全体性と無限』国文社、1989年。

第7講

・F・トリブル、河野信子訳『神と人間性の修辞学』、ヨルダン社、1989年。
・A・ブレンナー、山我哲雄／山我陽子訳『古代イスラエルの女たち』新地書房、1988年。
・Samuel Terrien, Till the Heart Sings. A Biblical Theology of Manhood&Womanhood, Fortress Press, 1985.

第8講

・Andre LaCocque, Romance She Wrote：A Hermeneutical Essay on Song of Songs, Harrisburg, 1998.
・Andre LaCocque, "Shulamite", in：A. LaCocque and P.Ricoeur, Thinking Biblically. Exegetical and Hermenuetical Studies, 1998, pp. 257―263.
・小友聡「雅歌は知恵文学か」、『神学』80号、２０１８年、89―108頁。

第9講

・小友聡「雅歌は知恵文学か」、『神学』80号、２０１８年、89―108頁。
・小友聡「コヘレトにおける『謎解き』」『神学』68号、２００６年、82―103頁。
・小友聡「言葉は解釈されなければならない」、『神学』75号、２０１３年、25―42頁。

第10講

・G・フォン・ラート、勝村弘也訳『イスラエルの知恵』日本基督教団出版局、１９８８年。
・デイヴィッド、B・ガウラー、駒木亮訳『たとえ話』日本基督教団出版局、２０１３年。
・小友聡「雅歌は知恵文学か」、『神学』80号、２０１８年、89―108頁。

第11講

・Andre LaCocque, Romance She Wrote：A Hermeneutical Essay on Song of Songs, Harrisburg, 1998.

・Yair Zakovitch, Das Hohelied (HThKAT), Freiburg, 2004.

・矢部 節「雅歌6章12節の釈義的研究」２００４年度東京神学大学修士論文（未公刊）。

第12講

・M・フォーク、勝村弘也訳「雅歌」『ハーパー聖書注解』教文館、１９９６年、561—564頁。

・Frank Crüsemann, „…für Salomo"? Salomo und die Interpretation des Hoheliedes, in：F. L. Hossfeld (Hrsg.), Das Manna fällt auch heute noch. Beiträgezur Geschichte und Theologie des Alten Testaments, (HBS 44), Freiburg, 2004, S.141—157.

＊初出し一覧と本文改訂

第1講　雅歌をどう解釈するか（『共助』2019・8号掲載、本文改訂）
第2講　古代オリエントの恋愛詩（書き下ろし）
第3講　タルグムの雅歌解釈（書き下ろし）
第4講　ベルナールの雅歌解釈（書き下ろし）
第5講　バルトとゴルヴィツァーの雅歌解釈（『共助』2020・4号掲載、本文改訂）
第6講　現代ユダヤ哲学の雅歌解釈（『共助』2020・5号掲載、本文改訂）
第7講　トリブルの雅歌解釈（『共助』2020・7号掲載、本文改訂）
第8講　ラコックの雅歌解釈（書き下ろし）
第9講　知恵文学の「謎解き」（『共助』2020・8号掲載、本文改訂）
第10講　知恵文学としての雅歌（書き下ろし）
第11講　雅歌を謎解きする（『共助』2021・1号掲載、本文改訂）
第12講　雅歌を取り戻せ（書き下ろし）

あとがき

「雅歌」を教会の取り戻したい。この目的を果たすために、あれこれ書きました。皆さんは本書を読んで、果たして「雅歌を取り戻せる」と納得できたでしょうか。

本書はもともと基督教共助会の雑誌『共助』に連載した6回分の論考が骨子となっています。ヨベルの安田正人さんが拙論に目を留め、面白いから一冊の本にしてみないかと提案してくださったのが出版に至る最初のきっかけです。「雅歌」について私と同じ関心を持っている方がいるのだと知って、嬉しくなりました。そこで、連載したものにさらに論考を書き加え、12講から成る本書ができました。「雅歌」については、注解や解説書は日本語で読めるものがいくつもあります。けれども、教会で「雅歌」を読むために従来の読み方を批判的に検証して、「雅歌」をあらたに再読しようとする建設的な解説書はなかったように思います。ある意味で、論争的な本ではありますが、皆さんはこれを受け入れてくださるでしょうか。

「雅歌」を「知恵文学」として読み、「雅歌」の謎解きを試みるという大胆な企てをしました。この企ては、「知恵文学」を専門に研究する方々からはもちろん反論はあるでしょうが、聖書学的に成り立ちますし、検証可能な方法でもあります。インターテクスチュアリティー（間テクスト性）と理解していただいても結構です。筆者は、この方法論的座をSitz im Leben に対して、Sitz im Buch と認識しています。これについて、いわゆるテキストの共時性を捨象し、テキストの歴史性を意識します。あくまで「雅歌」という文書を旧約聖書の文脈において歴史的な座と背景を有する知恵的文書と考えます。これは、基本的に、筆者がコヘレト書でも用いる読み取りの方法です。

ここで筆者と「雅歌」の出会いについて書きます。「雅歌」を学問的に考える最初のきっかけとなったのは、筆者が神学大学を卒業して牧師になる１９８６年に、教会学校の教案誌『教会教育』に「雅歌」の解説を求められたことです。当時、連れ合いと婚約したばかりでした。キリスト教雑誌に旧約聖書に関する原稿を書くのはまったく初めてで、婚約ののぼせもあり有頂天でした。けれども、編集担当者から「雅歌にいろいろな解釈があるのは、写本にいろいろな違いがあるからでしょうね」と問われ、虚を突かれました。筆者は「雅歌」の原典についてまったく知識がなかったからです。「雅歌」の解釈が多様なのは、写本の違いなどではなく、あくまで解釈者による解釈の違いであることを知ったのはそのときです。筆者は原典を読み、この詩文書はどう読んでも、解釈の確定は不可能だと思いました。とても手に負えないとわかり、以来、私の中で「雅歌」はずっと厄介な文書でした。これが私の「雅歌」との不幸な出会いです。その後、巡りめぐって、とうとう苦手な「雅歌」に向き合わざるを得なくなりました。旧約研究者として「雅歌」をきちんと理解しなくては前に進めなくなり、今に至ります。とりあえず本書を書くことで筆者の婚約以来の宿題は終わりました。次は、これに基づいて「雅歌」の注解書を書くのが私の最期の課題です。

本書執筆にあたって、安田正人さんにお世話になりました。また、『共助』での連載をサポートしてくださった石川光顕さんと土肥研一さんにも感謝を申し上げます。本書がきっかけとなって、これまで諸教会で敬遠されて来た「雅歌」の説教が行われるようになることを期待してやみません。

２０２１年４月　イースター（過越祭）にて

小友　聡

追記。初版の正誤表を作成するにあたって、尾張一宮教会牧師・矢部節先生より貴重なアドバイスをいただきました。

小友　聡（おとも・さとし）

東北大学文学部卒業、東京神学大学大学院修士課程修了ドイツ・ベーテル神学大学留学（博士課程）神学博士（ベーテル神学大学）現在、東京神学大学教授（2007年10月1日付）日本基督教団 大宮教会伝道師（86〜88年）日本基督教団 大曲教会牧師（88〜94年）を経て、現在、日本基督教団中村町教会牧師を兼務

主な著訳書

T. フレットハイム（翻訳）『出エジプト記』（現代聖書注解）、日本キリスト教団出版局、1995年、W.H. ヘルツバーグ（翻訳）『ヨシュア記』（ATD旧約聖書注解）、2000年、W. P. ブラウン（翻訳）『コヘレトの言葉』（現代聖書注解）、日本キリスト教団出版局、2003年、W. ブルッゲマン（左近豊氏と共に監訳）『旧約聖書神学用語辞典』、日本キリスト教団出版局、2015年、『「コヘレトの言葉」の謎を解く』（聖書セミナー No. 20）、日本聖書協会、2017年、『コヘレトの言葉を読もう』、2019年、『コヘレト書』（VTJ 旧約聖書注解）共に日本キリスト教団出版局、2020年、『絶望に寄りそう聖書の言葉』筑摩書房、2022、K. シュミート（小友聡監訳、日高貴士耶訳）『旧約聖書神学』教文館、2023年、他。

ヨベル新書 067

謎解きの知恵文学　旧約聖書・「雅歌」に学ぶ

2021年06月15日初版発行
2023年10月15日再版発行

著　者 ── 小友　聡
発行者 ── 安田正人
発行所 ── 株式会社ヨベル　YOBEL, Inc.

〒113-0033 東京都文京区本郷 4-1-1-5F
TEL03-3818-4851　FAX03-3818-4858
e-mail：info@yobel. co. jp

装幀 ── ロゴスデザイン：長尾 優
印刷 ── 中央精版印刷株式会社
配給元―日本キリスト教書販売株式会社（日キ販）
〒162 - 0814　東京都新宿区新小川町 9 -1
振替 00130-3-60976　Tel 03-3260-5670

 ISBN978−4−909871−45−9 C0216

ヨベルの既刊（税込み表示）

聖学院大学名誉教授／岡山大学名誉教授

金子晴勇　私たちの信仰　その育成をめざして

評：**原田博充氏**（京都みぎわキリスト教会前牧師）本書は、どの一遍から読み始めてもよいが、特に少し聖書を読み始めてこれからキリスト教の真理を深く学び始めようとする人々などにおすすめしたい書物である。

060　新書判・二四〇頁・一二一〇円　ISBN978-4-909871-18-3

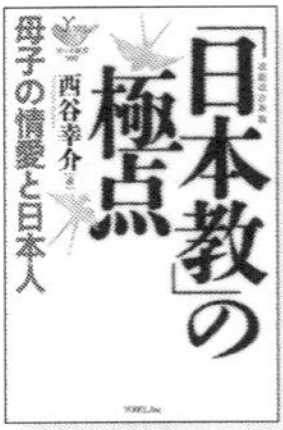

青山学院大学名誉教授

西谷幸介　「日本教の極点」――母子の情愛と日本人

旧版評：**並木浩一氏**（国際基督教大学名誉教授）夥しい数の日本論が出版されてきたが、日本的心性の深みを突くとともに、総合的に文化の特色を論ずる努力が払われたと言えるのか。日本文化の核心に迫る努力は依然求められている。本書はそれを意識して「納得のいく議論」の展開を心がける。

改題改訂増補新版

092　新書判・二四〇頁・一四三〇円　ISBN978-4-909871-96-1

工学博士／化学博士

小山清孝　今、よみがえる創世記の世界　進化論と聖書との対話

評：**中澤啓介氏**（大野キリスト教会牧師）誰もが気軽に読める「デニス〝進化論〟の手引書」。それに留まらず、小山師独自の問題意識や研究成果も随所に見られ、日本人がもつ「進化論の躓き」を取り除きたいという「気迫」に溢れている。（本文より）

058　新書判・二〇八頁・一二一〇円　ISBN978-4-909871-15-2

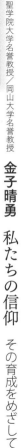